なんでもレモン

堤 人美

レモンは
なんでも合うんです！

誰にでもひとつかふたつ、「あー、これがなくっちゃ！」と思うものがあるはずで、そのうちのひとつが私にとってはレモンです。

わが家は東京と、瀬戸内にある小さな島との2拠点暮らし。その島には大切に無農薬栽培されているレモン農園があります。みずみずしい果汁たっぷりのこのレモンに出合って、本当にレモンのとりこになりました。皮つきのまま塩漬けにしたり、私のライフワークでもあるジャムを仕込んだり。ただ単純に揚げものやサラダに搾って使うのはもちろんのこと、カレーやクリームシチュー、グラタン、スープなど、なんでも皮ごと使うことが当たり前になってきました。ある日、レモンがないときに物足りなさを感じ、料理にさわやかさだけでなく奥行きを持たせてくれていたんだとしみじみと感じたのです。

しょうゆやみそ、特に白みそとレモン、だしとレモン、生クリームとレモン、スパイスとレモン、オイスターソースとラー油とレモン。意外かもしれませんが、どの組み合わせも最高においしい！　本書では、こうしたレモンの新しいおいしさをお伝えしています。また、私が日々作っている保存食も、使いきりやすく、また作ろうと思える少なめの分量でご紹介しました。あればきっと役に立ち、料理上手になった気分も味わえるはずです。

この本を読んでくださった
皆さんにおまけ！

ゆでたレンズ豆200gと刻んだパセリたっぷり、塩レモン（→p.94）を3〜4かけとオリーブ油大さじ3を混ぜるだけ。このサラダは、私が本当に気に入っているレシピです。たとえば揚げワンタンの具にしても合います。もどした切り干し大根を加えるのもおすすめです。こんなふうに、レモンをぜひいろんな料理にご活用ください。

堤　人美

まずは、ひと搾りしてみましょう。

たとえば、朝、1杯のミネラルウォーターや炭酸水にレモンをぎゅっ。さわやかな香りでリフレッシュできるだけでなく、レモンに含まれるビタミンCが風邪予防に、クエン酸が消化吸収のサポートに、とさまざまな効果が期待できます。また、運動後に飲めば疲労回復効果が、食前に摂ると血糖値の上昇をゆるやかにしてくれる効果も。寒い季節には、レモン白湯もおすすめです。

バタートーストにひと搾り…

レモンの酸味と香りのおかげで、いつものトーストがグンとさわやかになります。そのままさっぱり味もいいですが、甘いのがお好きなら、グラニュー糖やはちみつを少しふりかけてもおいしくいただけます。

納豆にひと搾り…

意外に感じられるかもしれませんが、和の食材とレモンは相性がいいんです。たとえば、納豆とレモン。特有のにおいや粘りがやわらいで、さっぱり食べやすくなりますよ。もちろん、しょうゆとも好相性です。

コーヒーにひと搾り…

レモン×コーヒーは新鮮なおいしさ！ イタリアの「カフェ・ロマーノ」をはじめ、台湾、ロシアなど世界各地ではコーヒーにレモンを添えて提供することもあるんですよ。アイスはもちろん、ホットでも。

豆腐にひと搾り…

淡泊な豆腐の味を、レモンがキリッと引き立てます。温やっこは、しょうが＋レモンで清涼感アップ。冷ややっこは、いつものしょうゆをレモン＋塩に置き換えてみると、新しいおいしさに出合えます。

「いつもの料理」の アクセントにも。

いつもの料理に、レモンをひと搾り。それだけで簡単に味変ができ、飽きずに食べ進めることができます。たとえば、こってり甘辛味や、単調になりがちな濃厚クリーム味のおかずを、すっきり軽やかに。また、レモンは料理に酸味や香りをもたらすだけでなく、魚のくさみをマスキングしたり、漬け込んだ肉をやわらかくする効果もあります。食材の変色を防ぐ働きもあるので、アボカドやごぼう、りんごなどを色鮮やかに仕上げたいときにもおすすめです。

レモンしょうが焼き

甘辛味のたれが、レモンの酸味と香りのおかげでさわやかに。
後味さっぱりだから、暑くなってくる時期にもうれしい。好みでさらにレモンを搾って！

 = レモン汁 + くし形切り

[材料] 2人分

豚ロースしょうが焼き用肉 … 6枚
　→ 筋切りをする
塩・こしょう … 各少々
薄力粉 … 適量
玉ねぎの薄切り … 1/2個分（100g）
A しょうがのすりおろし … 1かけ分
　レモン汁・しょうゆ・みりん
　　… 各大さじ1
　砂糖 … 大さじ1/2
サラダ油 … 小さじ2
キャベツ … 3枚（約150g）
　→ せん切りにして水にさらし、パリッとしたら水けをきる
レモンのくし形切り … 4切れ

[作り方]

1　Aは混ぜ合わせる。豚肉は軽く塩、こしょうをふり、薄力粉を薄くまぶす。

2　フライパンにサラダ油を中火で熱し、豚肉を並べ、両面を1分30秒ずつ焼く。出てきた脂はキッチンペーパーで拭き取る。

3　2に玉ねぎを加えて1分ほど炒め、Aを加えて煮からめる。

4　器にキャベツを盛り、3をのせる。レモンのくし形切りを添え、搾っていただく。

レモンのトリセツ　―部位説明・切り方―

基本的には種以外、全部食べられます！

ビタミンCたっぷりの果肉や果汁だけでなく、香りのよい皮までまるごと食べられます。ただし、皮と果肉の間の白いワタの部分には苦みがあるので、好みで取り除いてください。

水洗いして使いましょう

軽くこすりながら水洗いすれば、皮ごと食べられます。農薬やワックスが気になる場合は、レモンに塩適量をまぶしてこすり洗いします。

皮まで使うレシピは国産がおすすめ

皮ごと使う場合は、防カビ剤やワックスを使用していない国産レモンが安心。輸送距離も短いので、収穫後フレッシュな状態で店頭に並ぶのも魅力です。

皮の近くの白いワタには苦みがあるので、好みで除いて使いましょう。

果肉

ジューシーで、きゅっとすっぱいレモンの果肉。皮をむいてざく切りにしたり、みじん切りにして使います。

皮

仕上げにレモンの香りを添えたいときや、明るい黄色で彩りをプラスしたいときはレモンの皮も積極的に活用しましょう。用途によって、切り方を選んで使ってみてください。

［みじん切り］

すりおろしよりも皮の存在感はありつつ、料理全体の食感を邪魔しない切り方です。「レンチン！レモン塩」（→p.90）などに。

［せん切り］

皮の黄色い部分だけを薄くむいてせん切りに。繊細ながら、照り焼きや春巻きなど、しっかりした味つけにも負けない存在感になります。

［すりおろし］

レモンゼスター（グレーダー）で皮の表面の黄色い部分を細かく削って料理に散らせば、さわやかな香りと彩りをプラスできます。

レモンを使う際に「どこまで食べられるの」「どうやって切ればいいの」など疑問に思うことも多いはず。こちらでは、レモンの部位や切り方などをご紹介します。

本書で出てくる切り方一覧

レモンは、切り方によってさまざまな表情を見せてくれます。
必ずこの通りに切らなくてもかまいませんが、果汁をたっぷり搾りたいときは
ゴロッと大ぶりに、おひたしやマリネなど、繊細な味わいに仕上げたいときは
薄切りにすると、見た目にも美しく仕上がります。

[半切り]

ゴロッとごはんに炊き込んだり、仕上げに添えるときに。下記でご紹介しているように、フォークを使って搾ると果汁がたっぷり搾れます。

[くし形切り]

レモンの両端を少し切り落としてから縦半分に切り、それぞれを縦4等分のくし形切りに。料理の仕上げに添えて、各自で搾るのにちょうどいい形です。

[厚めのいちょう切り]

くし形よりも小さめのいちょう切りは、少しずつ味変したいときにいいサイズ感。「台湾風豆乳レモンスープ」（→p.63）で使用しました。

[薄いいちょう切り]

ほかの食材となじみやすい大きさ。「あじとたっぷり紫玉ねぎのエスカベッシュ」（→p.38）、「レモンガーリックシュリンプ」（→p.44）に。

[輪切り]

見た目もかわいい定番の切り方。「レモンの白切鶏」（→p.14）のレモンあんや、「レモンサムギョプサル」（→p.30）の漬け込みなどに。

[スマイル切り]

横半分に切って、中央から削ぐようにくし形に切ると、なんだか笑っているように見えませんか？「レモンガーリックシュリンプ」（→p.44）で使用しています。

[両端の輪切り]

端の部分の果汁もしっかり搾って使いましょう。「豚肉とチーズ、青じそのレモン春巻き」（→p.28）は、この切り方のレモンを添えています。

[縦半分に切ってから横半分に]

たっぷりレモン汁を絞りたいときにおすすめ。「牛肉ときのこ、クレソンの山椒レモンごはん」（→p.74）で使用。

[果汁を搾る]

スクイーザー（レモン搾り器）を使ってもいいですが、なければ半分に切って果肉にフォークをさし、ぎゅっとひねると、果汁をたっぷり搾れます。

CONTENTS

はじめに
まずは、ひと搾りしてみましょう。
「いつもの料理」のアクセントにも。
レモンしょうが焼き
レモンのトリセツ―部位説明・切り方―

1章
そのままレモン

レモン×肉

14　レモンの白切鶏
16　焼きレモンのポークソテー
18　照り焼きレモンつくね
20　レモンフライドチキン
22　豚肉とゴーヤーのレモンだれがらめ
24　豚バラ肉と大根のレモンだし煮
26　鶏むね肉と白菜の
　　レモンクリームシチュー
28　豚肉とチーズ、青じそのレモン春巻き
30　レモンサムギョプサル
32　手羽元とコロコロ野菜の
　　レモンオーブン焼き

レモン×魚介

34　いわしのレモン締め
36　ホタテとカリフラワーのグラタン
38　あじとたっぷり紫玉ねぎのエスカベッシュ
40　サーモンのソテー　レモンタルタル
42　いかとブロッコリーの
　　レモンパセリパン粉がけ
44　レモンガーリックシュリンプ
46　明太子とレモンの麻婆豆腐風

レモン×野菜

48　レモンコーン＆フライドポテト
50　レモンのポテトサラダ
52　かぼちゃの塩煮　レモン風味
53　焼きなすと香菜の
　　レモンナンプラードレッシング
54　レタスのシンプルサラダ
55　きゅうりのレモン山椒あえ
56　アスパラガスのレモンだしびたし
58　焼ききのこのレモンごまあえ
59　エスニックレモンチョップドサラダ

レモン×スープ

60　白いんげん豆と鶏肉の
　　レモンセージスープ
62　さつまいものレモンポタージュ
63　台湾風豆乳レモンスープ
64　手羽元とかぶのレモンスープ

レモン×麺・ごはん

66　レモンクリームパスタ
68　鶏ひき肉と香菜の
　　ナンプラーレモン焼きそば
70　レモンたっぷり貝割れそば
72　スパイスレモンカレー
74　牛肉ときのこ、クレソンの
　　山椒レモンごはん
76　鶏肉とナッツのレモンピラフ
78　レモンちらしずし

レモン×おやつ

80　レモンとローズマリーのスコーン
82　レモン蒸しパン
83　レモン寒天
84　レモンクリームと柑橘の
　　スコップケーキ

2章
ひと手間レモン

90 まずはこれから！
　　[レンチン！ レモン塩]
91 　　たらのフリット

92 まずはこれから！
　　[冷凍レモンの実とサワーの素]
93 　　本気のレモンサワー

94 [塩レモン]
95 　　塩レモンポークロール
96 　　塩レモンのキャロットラペ
97 　　もやしの塩レモン炒め

98 [レモンバター]
99 　　レモンバターステーキ
100 　　あさりのレモンバター蒸し
101 　　レモンバターオムレツ

102 [レモンこしょう]
103 　　レモンこしょうポークのマリネ蒸し
104 　　ぶりと大根のレモン鍋
105 　　えびとゆで卵のレモンこしょうカレー

106 [レモン塩麹]
107 　　スペアリブとれんこんの
　　　　レモン塩麹煮込み
108 　　トマトといちごのレモン塩麹マリネ
109 　　きのこのレモン塩麹蒸し

110 [レモンしょうゆ]
111 　　豚肉と香菜の
　　　　レモンしょうゆチャーハン
112 　　レモンしょうゆのばくだん
113 　　いんげんのレモンしょうゆあえ

114 [レモンみそ]
115 　　厚揚げとキャベツの
　　　　レモンみそがけ
116 　　豚肉となすのレモンみそ炒め
117 　　さわらのレモンみそ漬け焼き

118 [レモンピール]
119 　　レモンピール入りミートボール

120 [レモンカード]
121 　　Arrange：焼いたパンにつけて

122 [ドライレモン]
123 　　ドライレモンのチョコがけ

124 [レモンジンジャーシロップ]
125 　　Arrange：お湯や炭酸水で割って

126 [レモンチェッロ]
127 　　Arrange：チョコレートアイスにかけて

86 レモンのトリセツ − 保存方法 −

COLUMN
87 レモンの故郷のはなし

本書の決まり

・小さじ1は5㎖、大さじ1は15㎖、1カップ
は200㎖です。

・電子レンジは600Wのものを、オーブンはガ
スオーブンを使用しました。500Wの場合は
1.2倍、700Wの場合は0.8倍にして加熱し
てください。ただし加熱時間は目安です。機
種や使用年数により差がありますので、様子
を見ながら加減してください。

・レモンは、皮ごと使う場合は国産のノーワッ
クスのものを使用しました。

・野菜は、特に記載のない限り、洗ったりへた
や皮を除いてからの手順を記載しています。

1章
そのままレモン

こちらでは、普段の料理にすぐに使えるレモンのレシピを紹介します。
レモンの輪切りや、レモン汁、特に事前の仕込みをせずに、
そのままレモンを使うので、思い立ったらすぐに作れます。

●レシピ内のマークについて

🍋 = 薄切り＋レモン汁　←レモンをどのような形で使用するかを表しています。レモンの実と皮のすりおろしを同時に使用する際は、先にすりおろしておくと便利です。

↑使用するレモンの個数の目安を表しています。

※食べる際の、果汁を搾る用のレモンは、切り方も参考までに記載していますが、お好きな形で切ってください。

レモン×肉

レモンの白切鶏(パイセイチィ)

白切鶏は、広東料理で定番の蒸し鶏のこと。
キュンと甘ずっぱいレモンあんかけが、しっとりとした鶏肉にからみます。

 = 輪切り+レモン汁

[材料] 2人分

鶏もも肉 … 1枚(250g)
レモンの輪切り(薄め) … 1/2個分
塩 … 小さじ1/2
こしょう … 少々
長ねぎの青い部分 … 1本分
　→ つぶす
しょうがの薄切り … 4枚
　→ 皮つき
酒 … 大さじ3
A 水 … 3/4カップ
　レモン汁 … 大さじ3
　砂糖・しょうゆ … 各大さじ1
　片栗粉 … 小さじ1

[作り方]

1　鶏肉は塩、こしょうをふる。耐熱容器に長ねぎ、しょうがを入れて鶏肉をのせ、上にレモンの輪切りをのせて酒をふる。ラップをかけ、電子レンジ(600W)で3分加熱して裏返し、さらに2分加熱して、そのまま2分蒸らす(または蒸気の上がった蒸し器で5分ほど蒸す)。

2　鍋にAを合わせて中火で煮立て、とろみがつくまで混ぜる。

3　1を食べやすく切ってレモンとともに器に盛り、2をかける。

POINT
輪切りの量はお好みでも大丈夫です。レモンの酸味を味わいたい方はたっぷりのせてください。

焼きレモンのポークソテー

豚肉はレモン汁をからめておき、さらに輪切りのレモンといっしょに香りよく焼きつけます。
お好みでマスタードを添えるのもおすすめ。

 = レモン汁 + 輪切り

[材料] 2人分

豚ロース肉（とんかつ用）… 2枚（300g）
塩 … 小さじ1/3
こしょう … 少々
さやいんげん … 8本
にんにく … 1かけ
　→ つぶす
レモン汁 … 1/2個分（大さじ2）
レモンの輪切り（厚め）… 1/2個分
ローズマリー … 2枝
オリーブ油 … 小さじ2

[作り方]

1　いんげんは縦半分に切る。

2　豚肉は筋切りして塩、こしょうをふり、レモン汁をからめる。

3　フライパンにオリーブ油とにんにく、ローズマリーを入れ、弱火で炒める。香りが立ったら2を加えて中火にし、2分30秒ほど焼いて裏返す。レモンの輪切りといんげんを加え、さらに2分30秒、レモンをときどき返しながら焼く。

4　器にいんげんを盛って豚肉をのせ、レモンを添える。

そのままレモン ／ レモン × 肉

照り焼きレモンつくね

レモンの果肉も、果汁も、皮もまるごと使って！
甘辛＆こってりの照り焼きだれに、
さわやかな酸味と香りをプラスします。

POINT
仕上げにもレモンの皮をのせることで、料理全体がレモンの香りに包まれます。

そのままレモン ｜ レモン × 肉

 ＝ みじん切り + 皮のせん切り + レモン汁

[材料] 2人分

鶏ひき肉 … 250g
レモン … 1/2個
A 酒 … 小さじ2
　玉ねぎのみじん切り
　　　… 1/4個分（50g）
　塩 … 小さじ1/3
　片栗粉 … 大さじ2
　溶き卵 … 1/2個分
酒 … 大さじ2

B レモン汁
　… 1個分（大さじ4）
　しょうゆ・みりん
　　… 各大さじ1
　砂糖 … 大さじ1/2
サラダ油 … 小さじ2
青じそ … 6枚
　→ 2cm幅に切る

[作り方]

1　レモンは皮をむいて実はみじん切りにし、皮はせん切りにする。

2　ボウルにひき肉を入れ、A、1のレモンの実を加えてよく練り混ぜる。6等分にし、小判型に成形する。

3　フライパンにサラダ油を中火で熱し、2を並べて両面を2分ずつ焼く。酒をふり、弱火にしてふたをし、5分蒸し焼きする。

4　Bを加え、照りが出るまで煮からめ、つくねを器に盛る。フライパンに残ったたれを強火にかけ、30秒ほど煮詰めてつくねにかける。1のレモンの皮をのせ、青じそを添える。

レモンフライドチキン

ガリッと豪快な衣は、カレー粉がふんわり香ってスパイシー。
下味に使うのはもちろんのこと、仕上げにもレモンをたっぷり搾ってどうぞ。

そのままレモン ― レモン×肉

 = くし形切り + 半切り

[材料] 2人分

鶏もも骨つき肉 … 2本（500g）
　→ ぶつ切りにする（鍋用などでもよい）
A 塩 … 小さじ1
　こしょう … 少々
　白ワイン … 大さじ3
　にんにく・しょうがのすりおろし
　　… 各1かけ分
　牛乳 … 1/2カップ
　レモンのくし形切り … 1個分
薄力粉 … 大さじ2
溶き卵 … 1個分
B 薄力粉 … 100g
　片栗粉 … 大さじ4
　カレー粉 … 小さじ1
　ミックススパイス（あれば） … 小さじ2
揚げ油 … 適量
レモンの半切り … 1個分

[作り方]

1　鶏肉はAの塩、こしょうをすり込む。ポリ袋に残りのAを合わせ（レモンは果汁を搾り、皮もそのまま加える）、鶏肉を加えて15分ほど漬ける。

2　Bは混ぜ合わせる。

3　1に薄力粉、2の順にまぶして溶き卵にくぐらせ、再び2をまぶす。160℃に熱した揚げ油で6～7分、こんがりと色づくまで揚げ、最後に180℃に上げて2～3分、カラリとするまで揚げる。

4　器に盛り、レモンを添え、搾っていただく。

POINT
鶏肉を漬け込むのはポリ袋が手軽です。レモンの皮からも香りと風味が鶏肉に移ります。

豚肉とゴーヤーのレモンだれがらめ

甘辛すっぱのこってりだれ。豚肉は片栗粉をまぶして焼くことで、たれがよくからみます。ほろ苦いゴーヤーが味の引き締め役。

 ＝ レモン汁

[材料] 2人分

豚肉とんかつ用肉 … 2枚（200g）
ゴーヤー … 1/4本（75g）
塩・こしょう … 各少々
片栗粉 … 大さじ1
A レモン汁 … 1/2個分（大さじ2）
　砂糖・しょうゆ … 各大さじ1と1/2
サラダ油 … 大さじ3

[作り方]

1　ゴーヤーは種とワタを除き、5mm幅の薄切りにする。豚肉は筋切りしてひと口大に切り、塩、こしょうをふって片栗粉を薄くまぶす。

2　フライパンにサラダ油を中火で熱し、豚肉を入れて両面を2分ずつ焼く。ゴーヤを加えさっと炒め合わせる。

3　大きめのボウルにAを合わせてよく混ぜ、2も加えてさっくりと混ぜる。

そのままレモン ｜ レモン × 肉

23

豚バラ肉と大根の
レモンだし煮

しみじみおいしい和風のおかずにも、レモンが活躍します。
ひらひら薄切りにした大根が、豚肉のうまみやレモン風味のだしを吸って美味。

POINT

レモンを加える際は、レモン
でふたをするように鍋全体に
広げ入れます。苦味が気に
なる方は、煮込んだらすぐに
レモンを取り除いてください。

そのままレモン ── レモン × 肉

 ＝ 輪切り

[材料] 2人分

豚バラ薄切り肉（しゃぶしゃぶ用）… 150g
大根 … 200g
厚揚げ … 1/2枚（100g）
A だし汁 … 2カップ
　 酒 … 大さじ2
　 みりん … 大さじ1
　 しょうゆ … 小さじ2
レモンの輪切り（薄め）… 1/2個分
塩 … ひとつまみ

[作り方]

1　大根はスライサーで薄いリボン状に削る。厚揚げはキッチンペーパーで油を拭き、1cm幅に切る。

2　鍋にAを合わせて中火にかけ、煮立ったら豚肉と1を加えて5分煮る。

3　レモンの輪切りを加え、ひと煮する。塩で味をととのえる。

鶏むね肉と白菜の
レモンクリームシチュー

真っ白なシチューに、レモンの皮の淡いイエローがなんとも清楚！
クリーム味だけれど軽やかな食べ心地なのは、レモンのおかげです。

 = レモン汁 + 皮のすりおろし

[材料] 2人分

鶏むね肉 … 小1枚（200g）
白菜 … 1/8個（200g）
長ねぎ … 1本
塩・こしょう … 各少々
薄力粉 … 適量 + 大さじ3
　→ ふるう
バター … 大さじ3
A　水 … 2カップ
　　レモン汁 … 1個分（大さじ4）
　　白ワイン … 大さじ2
B　牛乳 … 1カップ
　　生クリーム … 1/4カップ
C　塩 … 小さじ1/2
　　こしょう … 適量
　　しょうが汁 … 小さじ2
レモンの皮のすりおろし … 1個分

[作り方]

1　鶏肉はひと口大のそぎ切りにし、塩、こしょうをふって薄力粉を薄くまぶす。白菜は葉と軸に分け、葉はざく切りに、軸は縦1cm幅に切る。長ねぎは斜め薄切りにする。

2　フライパンにバターを中火で熱し、溶けたら長ねぎを加え、しんなりするまで2分ほど炒める。鶏肉を加え、両面を1分ずつ焼く。白菜を加えてさっと炒め合わせ、薄力粉を大さじ3ふり入れ、全体になじませる。

3　Aを加えて混ぜ、全体になじんだら弱めの中火にし、10分ほど煮込む。

4　Bを加え、Cで味をととのえる。レモンの皮のすりおろしを加えて混ぜる。

POINT

Aを充分に煮立たせるとBを加えても分離しません。レモンはレモン汁を搾った後にレモンの皮を鍋に直接すりおろしてください。

そのままレモン｜レモン×肉

 ＝ レモン汁 + 皮のせん切り + 両端の輪切り

[材料] 2人分

豚こま切れ肉 … 150g
A 塩・こしょう … 各少々
　ナンプラー … 小さじ1/2
　レモン汁 … 小さじ1
青じそ … 10枚
片栗粉 … 小さじ1
プロセスチーズ … 30g
　→ 1cm角に切る
レモンの皮のせん切り … 1/2個分
春巻きの皮 … 4枚
薄力粉・水 … 各大さじ1
揚げ油 … 適量
レモンの両端の輪切り(p.9参照) … 適量

[作り方]

1　豚肉はボウルに入れ、Aを加えて混ぜる。青じそをちぎり入れてよく混ぜ、片栗粉を加えて混ぜる。

2　春巻きの皮は対角線上に半分に切る。長辺を手前にしてまな板におき、1、チーズ、レモンの皮のせん切りをのせ、左右を折りたたんで向こう側へくるくると巻く。三角形の2辺と、巻き終わりに分量の水で溶いた薄力粉を塗ってとめる。

3　揚げ油を低温（150℃）に熱して2を入れ、4〜5分かけてゆっくりと、こんがり色づくまで揚げる。器に盛り、レモンの両端の輪切りを添え、搾っていただく。

POINT
包むときは具をのせすぎず、しっかり包める程度の量にしてください。

そのままレモン　レモン×肉

豚肉とチーズ、
青じそのレモン春巻き

豚肉＋チーズの食べごたえのある春巻きを、レモンと青じそでさっぱりと。
ナンプラーが風味よく、おつまみにも、お弁当のおかずにもおすすめです。

レモンサムギョプサル

たれがキュッとすっぱくて、豚の脂もさっぱり食べられる一品です。
ときどきキッチンペーパーで余分な油を吸いながら焼くと、カリッとした仕上がりに。

そのままレモン　レモン×肉

 = 輪切り+レモン汁

[材料] 3～4人分

豚バラ厚切り肉（焼き肉用）
　　… 600g
A　塩 … 小さじ1
　　こしょう … 少々
レモンの輪切り … 6～8枚
にんにく … 4かけ
白菜キムチ … 100g
サンチュ … 8枚

えごまの葉 … 8枚
サニーレタス … 6枚
B　長ねぎの粗みじん切り
　　… 1本分（100g）
　　塩・鶏がらスープの素
　　… 各小さじ1/2
　　レモン汁 … 1個分（大さじ4）
　　ごま油 … 大さじ1

[作り方]

1　バットに豚肉を広げ、Aをふり、レモンの輪切りをのせてぴったりとラップをかけ、冷蔵庫で20分ほどおく。

2　Bは混ぜる。

3　ホットプレートを十分に温め、1の豚肉にレモンとにんにくをのせて焼く。あいているところでキムチも焼く。それぞれ火が通ったら豚肉は好みの長さに切り、2をつけ、葉野菜で巻いて食べる。

そのままレモン ── レモン×肉

手羽元とコロコロ野菜の
レモンオーブン焼き

オーブンでほくほくに焼き上げた野菜と、レモンで下味をつけたさっぱりチキン。
華やかだけれどオーブンまかせにできるから、人が集まるときにぴったりです。

 = 輪切り + 半切り

[材料] 2〜3人分

鶏手羽元 … 6本
　→ 骨に沿って1本切れ目を入れる
A 塩 … 小さじ1/2
　レモンの輪切り(厚め) … 4枚
　こしょう … 少々
　オリーブ油 … 大さじ1
　にんにく … 1かけ
　　→ つぶす
　ローリエ … 2枚
ベビーコーン … 6本
ペコロス … 6個
芽キャベツ … 6個
赤パプリカ … 1/2個(75g)
オリーブ油 … 大さじ1
レモンの半切り … 1個分

[作り方]

1　バットかポリ袋に手羽元とAを入れてよくもみ込み、冷蔵庫で20分ほどおく。

2　ベビーコーンは斜め半分に切る。ペコロスは皮をむき、底に十字に切り目を入れる。芽キャベツも底に十字に切り目を入れる。パプリカはヘタと種を除いて縦2cm幅に切る。1にすべて加えてさっくり混ぜ合わせる。

3　耐熱のグラタン皿などに2を彩りよく並べてオリーブ油をまわしかけ、170℃に予熱したオーブンで20〜25分焼く(途中、焦げそうになったらアルミホイルをかぶせる)。レモンの半切りを添え、搾っていただく。

レモン×魚介

POINT
作り方2の状態で、冷蔵で2〜3日保存できます。

 = レモン汁 + 輪切り

[材料] 2人分

いわし … 6尾
塩 … 小さじ2強
A レモン汁 … 1個分（大さじ4）
　オリーブ油 … 1/2カップ
　こしょう … 適量
レモンの輪切り（薄め）… 1/2個分
ディル … 2〜3枝

[作り方]

1　いわしは三枚におろし、骨と皮を除く。ざるに広げて塩をまんべんなくふり、20分ほどおいて、出てきた水けを拭く。

2　バットにAを混ぜ合わせ、1を並べ、レモンの輪切りとディルをのせてラップをかけ、冷蔵庫で30分以上おく。

3　いわしを取り出し、3cm幅に切って器に盛り、バットに残った調味料をかける。ディルをちぎって散らす。

いわしのレモン締め

いつもは酢締めにするところを、レモンとディルでグッとおしゃれに。
カリッと焼いたパンにのせて食べれば、白ワインの最高のおともになります。

ホタテとカリフラワーのグラタン

濃厚なホワイトソースにレモンの皮をたっぷり削り、仕上げにもレモンをひと搾り！
ホタテが甘く、カリフラワーはほくほく。肌寒い日のごちそうグラタンです。

 = 輪切り + 皮のすりおろし + くし形切り

[材料] 2人分

ホタテ貝柱 … 4個
　→ 半分に切る
カリフラワー … 1/2個（150g）
　→ 小さめの小房に分ける
玉ねぎの薄切り … 1/4個分（50g）
バター … 大さじ3
薄力粉 … 大さじ4
牛乳 … 2カップ
生クリーム … 1/4カップ
A 塩 … 小さじ1/3
　こしょう・ナツメグ … 各少々
グリュイエールチーズ … 50g
B バター・パン粉 … 各適量
レモンの輪切り（薄め）… 4枚
レモンの皮のすりおろし … 1個分
レモンのくし形切り … 2切れ

[作り方]

1　フライパンにバターを中火で熱し、溶けたら玉ねぎを加えて木べらでさっと炒める。

2　カリフラワーとホタテを加えて2分ほど炒め、薄力粉を全体にふってよく混ぜ、牛乳と生クリームを加え、混ぜながらとろりとするまで3分ほど煮る。Aで味をととのえる。

3　グラタン皿に流し入れ、チーズをのせてBを散らし、レモンの輪切りをのせる。200℃に予熱したオーブンで15分焼く。

4　レモンの皮のすりおろしを散らし、くし形切りを添え、搾っていただく。

そのままレモン / レモン × 魚介

POINT
あじは熱いうちに漬け汁に漬けることで味がしみ込みます。

 = レモン汁 + 薄いいちょう切り

[材料] 2人分

豆あじ … 20尾
塩・こしょう・薄力粉 … 各適量
紫玉ねぎ … 1/2個（100g）
A　オリーブ油 … 1/2カップ
　　白ワイン・レモン汁 … 各1/4カップ
　　グラニュー糖・塩 … 各小さじ1
　　にんにく … 1かけ
　　　→ つぶす
　　ローリエ … 1枚
　　レモンの輪切り（薄め）… 6枚
　　　→ いちょう切りにする
揚げ油 … 適量

[作り方]

1　あじはエラと内臓を除き、流水で洗ってキッチンペーパーで水けをしっかり拭く。塩、こしょうをふり、薄力粉を薄くまぶす。

2　紫玉ねぎは半分に切ってから、繊維を断ち切るように薄切りにする。

3　バットにAを混ぜ合わせ、グラニュー糖と塩を溶かす。2を加え、5分ほどおく。

4　揚げ油を170℃に熱し、1を4分ほど揚げる。油をきってすぐに3に漬け、粗熱がとれたら冷蔵庫で30分以上おいて味をなじませる。

そのままレモン｜レモン × 魚介

あじとたっぷり紫玉ねぎの エスカベッシュ

あじは揚げたてを漬け汁に漬け、しっかり味をなじませましょう。
紫玉ねぎとレモンは食卓が華やぐ組み合わせ。トマトの角切りを加えても。

🍋 = 皮 + レモン汁 + ざく切り

[材料] 2人分

サーモン（切り身）… 2切れ
塩・こしょう・薄力粉 … 各適量
レモンの皮 … 1/2個分
　→ くるりとむく
レモン汁 … 大さじ1
A　ゆで卵 … 2個
　　レモンの実のざく切り
　　　… 1/2個分（大さじ1）
　　マヨネーズ … 大さじ3
　　塩 … 小さじ1/3
バター … 大さじ1
イタリアンパセリ … 適量

[作り方]

1　サーモンは塩をふり、ざるにのせて15分ほどおき、出てきた水けをキッチンペーパーで拭く。こしょうをふり、薄力粉を薄くまぶす。

2　Aのゆで卵は手で大きく割り、残りのAとよく混ぜる。

3　フライパンにバターを中火で熱し、溶けたらレモンの皮と、1を表になる面から2分焼く。裏返してさらに2分焼き、レモン汁をまわしかけて火を止める。器に盛り、2とイタリアンパセリを添える。

POINT
サーモンにレモンの皮の香りを移すように焼きましょう。

そのままレモン

レモン × 魚介

サーモンのソテー レモンタルタル

サーモンはレモンの皮とともに焼き、香りを移します。
ざく切りレモン入りのタルタルは、ときどき口に入る酸味がアクセント。

= くし形切り + 皮のみじん切り + 半切り

POINT
仕上げのレモンは思いきり搾っていただきます。

[材料] 2人分

いか … 1ぱい（200g）
ブロッコリー … 200g
　→ ざく切り
玉ねぎの薄切り … 1/4個分（50g）
塩・こしょう … 各少々
粉チーズ … 小さじ2
白ワイン … 大さじ3
レモンのくし形切り … 2切れ
A　パン粉 … 大さじ4
　　レモンの皮のみじん切り … 1/2個分
　　イタリアンパセリ … 2本
　　　→ 粗みじん切り
　　にんにく … 1/2かけ
　　　→ 粗みじん切り
オリーブ油 … 大さじ1 + 大さじ2
レモンの半切り … 1個

[作り方]

1　いかはワタを除き、胴は1cm幅の輪切りにする。足は2本ずつに分け、下の部分を切る。

2　フライパンにオリーブ油大さじ1を弱めの中火で熱し、玉ねぎをしんなりするまで2分ほど炒める。

3　中火にし、ブロッコリーと1を加えて塩、こしょうをふり、3分ほど炒める。水分が出てきたら粉チーズをふる。

4　白ワイン、レモンのくし形切りを搾ってそのまま残りも加え、ふたをして強めの中火で蒸す。蒸気が上がったら弱めにし、さらに中火で5分ほど蒸す。ふたをとり、火を強めて水分をとばす。

5　小さめのフライパンにオリーブ油大さじ2とAを合わせ、中火でカリッとなるまで3〜4分、よく炒める。

6　4を器に盛り、5をかける。レモンの半切りを添え、搾っていただく。

そのままレモン

レモン×魚介

いかとブロッコリーの
レモンパセリパン粉がけ

淡白な味わいのいかとブロッコリーを、サクサクの香味パン粉で風味&ボリュームアップ。たっぷりからめてめし上がれ。

レモンガーリック
シュリンプ

ナンプラー＋にんにくのパンチある味わいに、レモンの爽快感。
食欲を誘う香りで、ついつい手がのびます。

= レモン汁 + いちょう切り + スマイル切り

そのままレモン　レモン × 魚介

[材料] 2人分

殻つきえび（大正えびなど）… 12尾
A にんにくのすりおろし … 1かけ分
　レモン汁 … 大さじ1
　はちみつ・オリーブ油 … 各小さじ2
　ナンプラー … 小さじ1
塩・こしょう … 各適量
ズッキーニ … 1本
レモンの輪切り（5mm厚さ）… 1/2個分
　→ いちょう切りにする
酒 … 大さじ1
オリーブ油 … 大さじ1
レモンのスマイル切り（p.9参照）… 2切れ

[作り方]

1　えびは殻つきのままキッチンばさみなどで背開きにし、背ワタを除き、塩少々と片栗粉適量（各分量外）をもみ込み、流水で洗う。キッチンペーパーで水けを拭く。ボウルに入れ、Aを加えてもみ込む。

2　ズッキーニは小さめの乱切りにする。

3　フライパンにオリーブ油を中火で熱し、1を入れて2分ほど炒める。酒をふり、2、いちょう切りにしたレモンを加えてさらに3分ほど炒め合わせる。塩、こしょう各少々をふり、1のボウルに残っている調味料も加えて炒める。器に盛り、レモンのスマイル切りを添え、搾っていただく。

POINT
レモン汁がよく出るよう、いちょう切りにして炒め合わせます。えびは背開きにして、食べるときに殻をむきやすく。

明太子とレモンの麻婆豆腐風

明太子のうまみ、レモンの酸味、ゆずこしょうのさわやかな辛み。
軽やかで上品な、中華のおかずです。

🍋 = 皮のすりおろし + 角切り

[材料] 2人分

絹ごし豆腐 … 1丁（300g）
　→ 1.5cm角に切る
明太子 … 1/2腹（約35g）
　→ 薄皮を除いてほぐす
レモン … 1/2個
しょうがのみじん切り
　… 1/2かけ分（小さじ1）
ゆずこしょう … 小さじ1/4
A　水 … 1と1/4カップ
　　酒 … 大さじ2
　　鶏がらスープの素・しょうゆ
　　　… 各小さじ1
　　片栗粉 … 小さじ2
ごま油 … 小さじ2
小ねぎ（小口切り） … 3本

[作り方]

1　レモンは皮はすりおろし、実は1cm角に切る。

2　フライパンにごま油としょうがを入れて弱火で熱し、香りが立つまで炒める。Aとレモンの実を加えて中火で煮立て、とろみがついたら明太子とゆずこしょうを加え、さっと煮る。

3　豆腐を加え、1分30秒ほど煮る。器に盛り、小ねぎとレモンの皮のすりおろしを散らす。

そのままレモン｜レモン × 魚介

47

レモン×野菜

レモンコーン＆フライドポテト

歓声が上がるパーティメニュー。甘いとうもろこしにレモンの酸味をまとわせ、食べ飽きない味に。にんにくもつぶして、ソースのようにからめてどうぞ。

 = 半切り

[材料] 4人分

とうもろこし … 2本
レモンの半切り … 1個分
じゃがいも … 小6個（360g）
　→ 竹串で数か所さして穴をあける
にんにく … 2かけ
　→ 竹串で数か所さして穴をあける
揚げ油 … 適量
塩 … 少々
サワークリーム … 100g
一味唐辛子 … 適量

[作り方]

1　フライパンに水1カップと塩小さじ1（分量外）、皮をむいたとうもろこしを入れてふたをし、中火にかける。蒸気が出てきたら弱火にし、7〜8分蒸す。ざるにあげ、粗熱をとる。

2　1の全面にレモンの切り口をこすりつけるように塗り、4等分に切って器に盛る。

3　揚げ油を170℃に熱し、じゃがいもとにんにくを入れ、カラリとするまで10分ほど揚げる。油をきって塩をふり、2の器に盛り合わせ、サワークリームを添える。全体に一味唐辛子をふり、2の残ったレモンを添え、搾っていただく。

POINT
とうもろこしにレモンの切り口をこすりつけ、香りを移します。

＝ 皮のすりおろし ＋ レモン汁

[材料] 2人分

じゃがいも … 3個(450g)
紫玉ねぎ(または玉ねぎ) … 1/4個(50g)
A 粒マスタード … 小さじ1
　レモン汁 … 1/2個分(大さじ2)
　アンチョビー(フィレ) … 2枚
　　→ 包丁でたたく
　オリーブ油 … 大さじ2
　塩 … 小さじ1/2
パセリの粗みじん切り … 大さじ2
レモンの皮のすりおろし … 1/2個分

[作り方]

1　紫玉ねぎは繊維を断つように薄切りにし、水に5分さらす。

2　じゃがいもは皮をむいてひと口大に切り、水に5分さらす。鍋に入れ、ひたひたの水を加えて中火にかけ、沸騰してから5〜6分ゆでる。竹串をさしてみて、スッと通るくらいになったら湯を捨て、中火で水分をとばす。木べらなどで粗くつぶす。

3　Aはよく混ぜ合わせ、2に加えて混ぜる。1とパセリ、レモンの皮を加えて混ぜる。

そのままレモン　レモン × 野菜

レモンのポテトサラダ

紫玉ねぎにパセリ、レモン、アンチョビー……
いろんなうまみと香りが重なり合う、特別感のあるポテサラです。

かぼちゃの塩煮 レモン風味

レモンは長く煮込むと苦みが出てしまうので、
火を止めてからのせ、香りを移します。

 = 輪切り

POINT
レモンは鍋中に広げるようにして入れましょう。

[材料] 2人分

かぼちゃ … 1/4個（300g）
塩 … 小さじ1/2
水 … 1/2カップ
レモンの輪切り（厚め）… 1/2個分

[作り方]

1. かぼちゃは種とワタを除いて3cm角に切り、皮をところどころむく。皮目を下にして鍋に入れ、塩をふってざっと混ぜ、そのまま10分おく。

2. 分量の水を加えてふたをし、中火にかける。蒸気が出てきたら弱火にし、10分ほど煮る。

3. ふたをとり、強めの中火にして水分をとばす。水分がほぼなくなったら火を止めてレモンを上にのせ、ふたをしてそのまま15分ほどおき、香りを移す。

そのままレモン ― レモン × 野菜

焼きなすと香菜の
レモンナンプラードレッシング

とろんととろけるようななすに、レモンとナンプラーが香る、エスニックなサラダです。

 = レモン汁

[材料] 2人分

なす … 3本(270g)
香菜 … 3本
　→ 3〜4cmのざく切り
A　しょうがのすりおろし … 1かけ分
　　ナンプラー … 小さじ2
　　オリーブ油・レモン汁 … 各大さじ1

[作り方]

1　なすはへたを切り落とし、縦に数本切り目を入れ、魚焼きグリルで12分ほど、真っ黒になるまで焼く。取り出して温かいうちに皮をむき、2cm幅に切る。

2　ボウルにAを混ぜ合わせ、1、香菜を加えてあえる。

レタスのシンプルサラダ

レモンのおいしさをシンプルかつ最大限に感じられる一品。
レタスは冷水でシャキッとさせ、水けをしっかりきること。

 = 半切り

[材料] 2人分

レタス … 4枚（3cm角に切る）
レモンの半切り … 1個
粗びき黒こしょう … 1個
塩 … 小さじ1/4
オリーブ油 … 大さじ2
パルミジャーノチーズ … 適量

[作り方]

1　レタスはちぎって冷水にさらし、水けをしっかりきって器に盛る。

2　レモンを搾り、黒こしょう、塩、オリーブ油をかけ、チーズを削る。

きゅうりのレモン山椒あえ

レモンと山椒は、同じミカン科で相性のいい組み合わせ。
わが家では倍量作ってもペロリと食べてしまう人気メニューです。

そのままレモン　レモン × 野菜

🍋 = レモン汁 + ざく切り

[材料] 2人分

きゅうり … 2本
塩 … 小さじ1/2
A　レモン汁 … 大さじ1
　　レモンの実のざく切り … 1/2個分(大さじ1)
　　粉山椒 … 適量
　　オリーブ油 … 大さじ1

[作り方]

1　きゅうりは皮を縞目にむき、ひと口大の乱切りにする。ボウルに入れ、塩をふってざっと混ぜ、10分ほどおいて水分をぎゅっと絞る。

2　Aを加えてあえ、器に盛り、好みでさらに粉山椒(分量外)をふる。

アスパラガスのレモンだしびたし

レモンをきかせたおひたしは、透明感のあるきれいな味わい。
旬のみずみずしいアスパラで、ぜひお試しを。

= | レモン汁 + 輪切り |

[材料] 2人分

アスパラガス … 6本（180g）
A だし汁 … 1カップ
　薄口しょうゆ … 大さじ1/2
　みりん・酒 … 各小さじ2
　塩 … 少々
　レモン汁 … 小さじ1
レモンの輪切り（薄め）… 1/2個分
削り節 … 少々

[作り方]

1　Aはバットに混ぜ合わせる。

2　アスパラは根元を折り、下のかたい部分の皮をピーラーで薄くむいて長さを4等分に切る。鍋に湯を沸かし、塩少々（分量外）を入れてアスパラガスを加え、2〜3分ゆでて冷水にとる。キッチンペーパーで水けを拭く。

3　2が熱いうちに1にひたし、レモンの輪切りをのせて5分ほどおき、なじませる。

4　漬け汁ごと器に盛り、削り節をのせる。

そのままレモン　レモン × 野菜

焼ききのこのレモンごまあえ

和風のような洋風のような、新感覚のごまあえです。
パンにのせてもおいしく、ほかのきのこで作ってもOK。

 ＝ レモン汁

[材料] 2人分

マッシュルーム（ブラウン）… 12個
　→ 半分に切る
A　しょうゆ … 大さじ1/2
　　みりん … 小さじ1
　　にんにくのすりおろし
　　　… 1/2かけ分
塩 … 少々
レモン汁
　… 1/2個分（大さじ2）
ごま油 … 大さじ1
白すりごま … 大さじ2

[作り方]

1　フライパンにごま油を中火で熱し、マッシュルームを入れて塩をふり、しんなりするまで2〜3分炒める。

2　A、レモン汁を加えさっと炒める。すりごまを加えて混ぜる。

エスニックレモンチョップドサラダ

暑い日にもりもり食べたい、さわやかなサラダ。
クミンは炒めて、香りを引き出すのがコツです。

そのままレモン　レモン×野菜

 ＝ レモン汁 ＋ 半切り

[材料] 2人分

セロリ … 1/2本（50g）
→ 筋を除く
きゅうり … 1本
→ 縦半分に切ってスプーンで種を除く
トマト … 1個（200g）
ピーマン … 2個（110g）
→ ヘタと種を除く
香菜 … 2株
クミンシード … 小さじ1
塩 … 小さじ1/3
レモン汁 … 1/2個分（大さじ2）
レモンの半切り … 1個

[作り方]

1　セロリ、きゅうり、トマト、ピーマンはそれぞれ1cm角に切る。香菜はざく切りにする。

2　フライパンにクミンシードを入れて弱火で熱し、香りが立つまで炒める。

3　ボウルに1、2、塩、レモン汁を加えてあえる。器に盛り、レモンの半切りを搾る。

レモン×スープ

白いんげん豆と鶏肉の
レモンセージスープ

ほくほく甘く、やわらかな白いんげん豆に、トッピングの紫玉ねぎが
シャキッとアクセント。セージとレモンが香る、大人の味わい。

 = くし形切り + 皮のせん切り

[材料] 2人分

白いんげん豆（水煮）… 150g
　→ さっと洗う
鶏むね肉 … 小1枚（200g）
A　塩 … 小さじ1/3
　｜ こしょう … 少々
玉ねぎの薄切り … 1/2個分（100g）
セージ … 2枚
オリーブ油 … 大さじ1
水 … 3カップ
レモンのくし形切り … 4切れ
塩 … 小さじ1/3
こしょう … 少々
B　紫玉ねぎの粗みじん切り
　　… 1/4個分（50g）
　ケイパー・オリーブ油 … 各小さじ2
　レモンの皮のせん切り … 1/4個分

[作り方]

1　鶏肉は1.5cm角に切り、Aをふる。

2　鍋にオリーブ油を弱火で熱し、玉ねぎを入れ、しんなりするまで2〜3分炒める。分量の水と鶏肉、セージを加え、中火で煮立ててアクを除き、弱火にして5分ほど煮る。

3　いんげん豆を加えて弱めの中火にし、5〜6分煮る。レモンのくし形切りを搾ってそのまま残りも加え、さっと煮て、塩、こしょうで味をととのえる。

4　器に盛り、混ぜ合わせたBをのせる。お好みでレモン（分量外）を搾っても。

POINT

レモンは香りを移すために皮を下にして搾るのがおすすめ。果汁を搾ったら、後はさっと煮るだけで大丈夫です。

さつまいものレモンポタージュ

生クリームなしでもクリーミー。まるでスイートポテトを
食べているかのような、デザートみたいなポタージュです。

 = レモン汁

[材料] 2人分

さつまいも … 中1本(250g)
玉ねぎの薄切り … 1/2個分(100g)
水・牛乳 … 各1と1/2カップ
レモン汁 … 1/2個分(大さじ2)
塩 … 適量
バター … 大さじ1
シナモンパウダー … 少々

[作り方]

1　さつまいもは皮をむいて2cm厚さに切り、水に10分さらす。

2　鍋にバターを弱火で熱し、玉ねぎをさっと炒める。塩ひとつまみを加えてふたをし、10分ほど蒸す(焦げつかないようにときどき混ぜる)。

3　分量の水と1を加えて10分煮て、さつまいもがやわらかくなったらレモン汁を加えてさっと煮る。ハンドブレンダーで攪拌し、なめらかにする。

4　牛乳を加えてひと煮し、塩小さじ1/2で味をととのえる。器に盛り、シナモンパウダーをふる。

台湾風豆乳レモンスープ

台湾の朝ごはん「鹹豆漿（シェントウジャン）」をイメージ。
レモンを搾ると、豆乳がふるふるとかたまってきます。バゲットをひたしながらどうぞ。

 = いちょう切り

[材料] 2人分

豆乳（成分無調整）… 2と1/2カップ
干しえび … 大さじ1と1/2（10g）
ぬるま湯 … 1/4カップ
ザーサイ（味つき）… 20g
しょうが … 1かけ
A しょうゆ … 大さじ1/2
　塩 … 小さじ1/2
　こしょう … 少々
ごま油 … 小さじ2
レモン … 1個
　→ 2cm厚さのいちょう切りにする
バゲット … 5mm厚さの薄切り8枚
　→ トースターで2〜3分焼く

[作り方]

1　干しえびは分量のぬるま湯に浸して10分ほどおいてもどし、粗みじん切りにする。もどし汁はとっておく。ザーサイ、しょうがはみじん切りにする。

2　鍋にごま油を弱火で熱し、1のえび、ザーサイ、しょうがを入れて香りが立つまで炒める。

3　豆乳、えびのもどし汁を加えて弱めの中火にし、ふつふつと煮立つまで煮る。Aで調味する。

4　3を器に盛り、バゲットとレモンを添え、搾りながらいただく。

手羽元とかぶの
レモンスープ

レモンとともに漬け込んだ手羽元を、やさしい甘さのかぶとスープに。
さっぱり味だけど食べごたえのある、わが家の定番スープです。

 ＝ 輪切り

[材料] 2人分

鶏手羽元 … 6本
　→ 裏側の骨に沿って切れ目を入れる
A 塩 … 小さじ1/4
　こしょう … 少々
　レモンの輪切り（厚め）… 2枚
かぶ（葉つき）… 3個
B 酒 … 大さじ2
　水 … 2と1/2カップ
オリーブ油 … 小さじ2
にんにく … 1かけ
　→ つぶす
ナンプラー … 小さじ1
塩・こしょう … 各少々

[作り方]

1　バットか保存袋に手羽元とAを入れてよくもみ込み、冷蔵庫で15分ほどおく。

2　かぶは、根は皮つきのまま4等分に切り、葉は4cm長さに切る。

3　鍋にオリーブ油を弱火で熱し、にんにくを入れて炒める。香りが立ったら中火にし、1の手羽元のみを入れ、転がしながら3分ほど焼きつける。

4　かぶの根を加えてさっと炒め、Bを加え、ふたを少しずらしてのせ、10分ほど煮る。アクが出てきたら除く。

5　かぶがやわらかくなったらAの残りのレモンとナンプラーを加えてひと煮し、塩、こしょうで味をととのえる。器にかぶと手羽元を盛り、残ったスープにかぶの葉を加えてさっと煮て、レモンとともに同じ器に盛る。お好みでさらにレモン（分量外）を搾っても。

レモン×麺・ごはん

レモンクリームパスタ

レモンといえば、みんなが大好きなこのパスタ！
クリームとチーズの濃厚なうまみに、レモンがさわやかに香ります。

 = レモン汁 + 皮のすりおろし + くし形切り

[材料] 2人分

スパゲッティ（太めのもの）… 160g
バター … 40g
A 水・生クリーム … 各大さじ4〜5
レモン汁 … 1/2個分（大さじ2）
パルミジャーノチーズ（すりおろし）… 40g
塩 … 適量
レモンの皮のすりおろし … 1/2個分
レモンのくし形切り … 2切れ

[作り方]

1 鍋に湯を沸かして塩適量（湯2ℓに対して小さじ2が目安）を入れ、スパゲッティを袋の表示時間通りにゆでる（ゆで汁もとっておく）。

2 別の鍋にバターを中火で熱し、Aを加えて軽く煮立てながらバターを溶かす。

3 2に1とレモン汁を加えてさっと混ぜ、レモンの皮とチーズも加えてさっと混ぜる。ゆで汁を大さじ2〜3加え、塩少々で味をととのえる。器に盛り、レモンのくし形切りを添え、搾っていただく。

POINT

レモンの果汁と皮をどちらも加えることで、風味豊かに仕上がります。パスタをゆでる際に塩をしっかりめにきかせることで、仕上げの味つけは軽めでOK。

鶏ひき肉と香菜の
ナンプラーレモン焼きそば

ナンプラー+レモンで、いつもの焼きそばがたちまち異国の味に。
ひき肉はほぐしすぎず、かたまりを残すと、食感や味わいに変化がつきます。

 ＝ レモン汁 + くし形切り + 半月切り

[材料] 2人分

中華蒸し麺 … 2玉
鶏ひき肉 … 150g
A 塩・こしょう … 各少々
しめじ … 1パック（100g）
香菜 … 1束
にんにくのみじん切り … 1/2かけ分
B ナンプラー・レモン汁 … 各大さじ1
レモンのくし形切り … 1/2個分
オリーブ油 … 大さじ1
レモンの輪切り（厚め）… 適量
　→ 半分に切り半月切りにする

[作り方]

1　しめじは根元を切り落としてほぐす。香菜は3cm長さに切る。ひき肉はAをふる。

2　中華麺は耐熱容器に入れてふんわりとラップをかけ、電子レンジ（600W）で1分加熱し、ほぐす。

3　フライパンにオリーブ油とにんにくを入れて弱火で炒め、香りが立ったらひき肉を加え、中火にして2分ほど炒める。しめじを加え、木べらで押しつけるように1分30秒ほど炒め、2を加えてほぐしながら炒め合わせる。

4　Bを順に加えてさっと炒め、レモンのくし形切りを搾ってそのまま残りも加えひと混ぜする。器に盛り、好みで香菜をのせ、さらにレモンの半月切りを添え、搾っていただく。

そのままレモン　レモン×麺・ごはん

レモンたっぷり 貝割れそば

レモンの酸味をきかせただし汁は、飲み干したくなるおいしさ。
貝割れの辛みもさっぱりとして、夏のお昼に食べたい一品です。

そのままレモン　レモン × 麺・ごはん

 = 輪切り + レモン汁

[材料] 2人分

そば（乾麺）… 150g
レモンの輪切り（薄め）… 1個分
貝割れ菜 … 1パック（50g）
A　だし汁 … 4カップ
　　レモン汁 … 1個分（大さじ4）
　　薄口しょうゆ … 大さじ3
　　塩 … 小さじ1/3

[作り方]

1　レモンの輪切りは、できるだけ種を除く。貝割れは根元を切り落とし、長さを半分に切る。ボウルにAを混ぜ合わせ、冷蔵庫で冷やしておく。

2　鍋に湯を沸かし、そばを袋の表示時間通りにゆでる。ざるにあげ、流水にさらしてよくもみ洗いし、水けをきる。

3　2を器に盛り、貝割れとレモンの輪切りを交互にのせ、Aを注ぐ。

🍋 = ざく切り

[材料] 作りやすい分量

鶏もも骨つき肉（または鍋用の骨つきのぶつ切り）… 2本（500g）

A 塩 … 小さじ1/2
　こしょう … 少々
　パプリカパウダー … 大さじ1
　カレー粉 … 大さじ1と1/2
　にんにく・しょうがのすりおろし
　　… 各1かけ分
　ヨーグルト … 1/2カップ
　レモンのざく切り（皮ごと）
　　… 1/2個分

玉ねぎ … 1個（200g）
　→ 粗みじん切り
しょうが・にんにくのすりおろし
　… 各1かけ分
トマト … 1個（200g）
　→ ざく切り

B 赤唐辛子 … 1本
　シナモンスティック
　　… 1本
　クミンシード … 小さじ1
　カレー粉 … 大さじ3
水 … 2と1/2カップ
塩 … 小さじ1/2
サラダ油 … 大さじ1
温かいごはん
　… 400g（2杯分）

[作り方]

1　鶏肉は3等分に切って保存袋に入れ、Aを加えてもみ込み、冷蔵庫で2時間ほどおく。

2　鍋にサラダ油を強めの中火で熱し、Bを入れて炒める。香りが立ったら玉ねぎ、しょうが、にんにくを加えて強火にし、水分がとぶまで3分ほど炒める。とろりとしたらトマトを加え、水分をとばすように2分ほど炒める。

3　分量の水と塩、1をすべて加えてふたをし、中火にして20分ほど煮込む。ふたをあけ、さらに10分煮て、ごはんと一緒に器に盛る。

POINT

レモンは皮ごとざくざく切って使用。しっかり肉となじませましょう。

そのままレモン レモン × 麺・ごはん

スパイスレモンカレー

スパイシーだけれど、後味はさっぱり。レモンを煮込むことで、
酸味だけではなくほんのり苦みも感じられる、大人のカレーです。

牛肉ときのこ、クレソンの山椒レモンごはん

牛肉とクレソンの組み合わせはテッパン。加えてきのこのうまみに
レモン＆実山椒のフレッシュな香り、ひと皿でも大満足のおいしさです。

🍋 = 皮のすりおろし + レモン汁 + 縦半分から横に切る

[材料] 2～3人分

牛切り落とし肉 … 150g
まいたけ … 1パック（100g）
　→ ほぐす
生しいたけ … 4枚
　→ 石づきを除き、1cm厚さに切る
実山椒の塩漬け … 大さじ1
レモン汁 … 1/2個分（大さじ2）
クレソン … 1束
　→ 2cm長さに切る
A 酒 … 大さじ2
　 みりん・砂糖 … 各小さじ1
　 しょうゆ … 大さじ1と1/2
サラダ油 … 大さじ1
温かいごはん … 400g
レモンの皮のすりおろし … 1/2個分
レモン … 1/2個（縦切り）
　→ さらに横半分に切る（p.9参照）

[作り方]

1　フライパンにサラダ油を中火で熱し、きのこを入れて木べらで押さえながら3分ほど焼きつける。焼き色がついたら牛肉を加え、ほぐしながら2分ほど炒め合わせる。

2　Aを順に加え、炒め合わせる。

3　ごはんをボウル（または飯台）に入れて2を加え、しゃもじで切るように混ぜる。実山椒とレモン汁を加えて混ぜ、クレソンを加えてさっと混ぜる。

4　器に盛り、レモンの皮を削って散らす。レモンを添え、搾りながらいただく。

そのままレモン

レモン × 麺・ごはん

鶏肉とナッツのレモンピラフ

仕上げにひとかけのバターをのせて。鶏肉のだしを吸ったピラフに、
ナッツの食感とレモンの酸味、すみずみまでおいしいごちそうごはん！

 = 半切り

[材料] 3〜4人分

米 … 2合
鶏もも肉 … 1枚（250g）
A ┃ 塩 … 小さじ1/2
　┃ オリーブ油 … 小さじ2
ミックスナッツ（食塩不使用）… 50g
レモンの半切り … 1個分
にんにく … 1かけ
B ┃ オリーブ油 … 大さじ1
　┃ パプリカパウダー … 小さじ2
　┃ サフラン … 少々
　┃ ローリエ … 2枚
　┃ 白ワイン … 大さじ2
　┃ 水 … 370㎖
塩 … 小さじ1/2
バター … 大さじ2

[作り方]

1　米は洗って10分ほど浸水させ、ざるにあげる。

2　鶏肉は皮目の裏側に斜めに数本切り目を入れ、Aをすり込む。

3　炊飯器の内釜に1を入れ、Bを加えてざっと混ぜる。2、ミックスナッツ、レモン、にんにくを加え、普通に炊く。

4　鶏肉を一度取り出し、食べやすく切ってさっと混ぜ、塩で味をととのえて器に盛る。バターをのせる。

POINT
鶏肉は1枚そのまま炊きこんでから切ることで、ぱさつくことなくしっとりとします。

そのままレモン ── レモン × 麺・ごはん

レモンちらしずし

心躍る、ハレの日のお祝いごはん。
すし飯と昆布締め、ダブルのレモン使いで、さわやかに。

 = レモン汁 + 輪切り

[材料] 3〜4人分

レモンすし飯
- 米 … 2合
- 昆布 … 5cm角1枚
- A　レモン汁 … 1個分（大さじ4）
- 　　塩 … 小さじ1/2
- 　　砂糖 … 大さじ3

鯛のレモン昆布締め
- 鯛の刺身（サク）… 200g
- 昆布 … 20×10cm 2枚
- レモンの輪切り（薄め）… 1/2個分

- 溶き卵 … 2個分
- サラダ油 … 小さじ1
- 絹さや … 6枚
  → 筋を除き、さっと湯をまわしかけて細切りにする
- イクラ … 30g

[作り方]

1. 鯛のレモン昆布締めを作る。昆布は酢水（分量外）でぬらしたキッチンペーパーで表面をさっと拭く。レモンの輪切りと鯛をはさんでラップで包み、冷蔵庫で2時間ほどおく。取り出して鯛を2cm角に切る。

2. レモンすし飯を炊く。米は洗って15分ほど浸水させ、ざるにあげる。炊飯器の内釜に入れ、昆布をのせて「すし飯2合」の目盛りまで水（分量外）を注ぎ、普通に炊く。ボウルまたは飯台にしゃもじで移し、混ぜ合わせたAを加え、さっくりと混ぜる。

3. フライパンにサラダ油を中火で熱し、溶き卵を加えて菜箸で混ぜ、炒り卵を作る。取り出して粗熱をとる。

4. 器に2を盛って3を広げる。1の鯛とレモンの輪切り、絹さや、イクラを彩りよくのせる。

レモン×おやつ

レモンとローズマリーのスコーン

ローズマリーとレモンが、さわやかな風味をもたらしてくれます。
おやつはもちろん、軽食にも、ワインのおつまみにも。

 = 皮のすりおろし＋粗みじん切り

[材料] 8個分

薄力粉・強力粉 … 各125g

バター（有塩）… 80g
→ 3cm角に切る

グラニュー糖 … 30g

塩 … 少々

ベーキングパウダー … 大さじ1/2（6g）

全卵 … 35g

プレーンヨーグルト … 100g

レモン … 1/2個

ローズマリー … 2枝
→ 葉先を摘み、粗く刻む

[作り方]

1　粉類とバターをフードプロセッサーに入れて攪拌し、ほろほろの状態にする。グラニュー糖、塩、ベーキングパウダーを加えてさっと攪拌する。

2　レモンは皮をすりおろしてから実を粗みじん切りにする。卵とヨーグルト、レモンの実と皮、ローズマリーも加えて攪拌し、まとまってきたらポリ袋に入れ、冷蔵庫で2時間以上休ませる（ひと晩休ませてもよい）。

3　オーブンを180℃に予熱する。

4　打ち粉（強力粉）をした台に2を取り出してめん棒で2cm厚さにのばし、打ち粉をふって8等分に切る。オーブンシートを敷いた天板にのせ、180℃のオーブンで20分ほど、こんがりときつね色になるまで焼く。

POINT
生地は長方形になるように整えながらのばし、三角形に切るのがおすすめ。

レモン蒸しパン

蒸したてはふわふわ、しっとり！ とても軽くて甘さ控えめだから、朝ごはんにもぴったりです。

 ＝ レモン汁 + 皮のすりおろし

POINT

レモンの香りをもっと感じたい方は、皮1個分〜お好みの量加えても。

[材料] 5個分

A 薄力粉 … 160g
　ベーキングパウダー … 小さじ2
　グラニュー糖 … 30g
B 牛乳 … 3/4カップ
　卵 … 1個
　レモン汁 … 小さじ1
　サラダ油 … 大さじ1
しょうがのすりおろし … 1かけ
レモンの皮のすりおろし … 1個分

[作り方]

1　大きめのボウルにAを入れ、泡立て器でだまがなくなるまで混ぜる。

2　Bを混ぜ合わせて1に加え、ゴムべらでさっくり混ぜる。しょうが、レモンの皮も加えて混ぜる。

3　広径5〜6cmの耐熱容器（またはマフィン型やプリンカップなど）にグラシンカップを敷き、2を等分に流し入れる。

4　フライパンにキッチンペーパーを敷いて3を並べ、容器の六分目の高さまで湯を注ぐ。フライパンのふたをふきんで包んで水滴が落ちないようにし、ふたをして強めの中火にかけ、10分ほど蒸す。竹串をさしてみて、なにもついてこなければ蒸し上がり。

レモン寒天

透けて見える豆腐と、レモンの皮が涼やかです。
つるんとした喉ごしで、食後にもさっぱりいただけます。

 = レモン汁 + 皮のせん切り + スマイル切り

[材料]　15cm角×高さ4cmの流し缶1台分

A　水 … 3カップ
　　粉寒天 … 1袋（4g）
　　キルシュ … 小さじ2
　　レモン汁 … 大さじ1
　　レモンの皮のせん切り … 1/2個分
絹ごし豆腐 … 1/2丁（150g）
　→ 2cm角に切る
レモンのスマイル切り（p.9参照）… 6切れ

[作り方]

1　鍋にAを入れ、強火にかける。木べらなどで混ぜ、沸騰したら中火にして2分ほど、たえず混ぜながら加熱する。

2　さっと水でぬらした流し缶に1を流し入れる。ひとまわり大きなバットに水適量と氷1～2個を入れて流し缶を重ね、冷ます。湯気が消えたら（60℃くらいからかたまり始めるので、その前に）豆腐をところどころに加え、バットの水をかえてさらに冷ます。粗熱がとれたら、冷蔵庫で30分ほど冷やしかためる。

3　すくって器に盛り、レモンのスマイル切りを添え、搾っていただく。

レモンクリームと
柑橘のスコップケーキ

カスタード＋生クリームを合わせたリッチなディプロマットクリームを、
レモンで風味づけ。たっぷりの柑橘と合わせ、華やかでさわやかなケーキに。

= レモン汁 + 皮のすりおろし

[材料] 15×20×高さ5cmの器1台分

グレープフルーツ（白・ルビー）
　… 各1/2個
オレンジ … 1個
レモンディプロマットクリーム
　卵黄 … 2個
　グラニュー糖 … 50g
　薄力粉 … 大さじ1と1/2
　牛乳 … 1と1/4カップ
　バニラビーンズ … 1/3本分
　　→ 包丁で種をしごき出す
　レモン汁 … 大さじ1
　レモンの皮のすりおろし … 1個分
　生クリーム … 1カップ
スポンジ生地（市販品）
　… 直径21cmのもの1台分
　→ 厚さを半分に切る
シロップ
　グラニュー糖 … 30g
　水 … 大さじ2
　レモン汁 … 大さじ1
ミントの葉（好みで）… 適量
レモンの皮のすりおろし … 1/2個分

[作り方]

1　レモンディプロマットクリームを作る。大きめのボウルに卵黄とグラニュー糖を入れ、泡立て器で白っぽくなるまですり混ぜる。薄力粉を加えてそっと混ぜる。

2　鍋に牛乳とバニラビーンズを入れ、人肌程度に温める。1に2～3回に分けて加え、そのつどよく混ぜる。

3　2をざるで濾して鍋に戻し入れ、中火にかける。木べらで混ぜながら、とろみがつくまで加熱する。バットに移し、上面にぴったりとラップをはりつけ、底に氷水を当てて急冷する。

4　別のボウルに生クリームを入れ、泡立て器で七分立て（泡立て器ですくったとき、とろりとリボン状になり、跡が残るくらい）まで泡立てる。

5　3をボウルに移して泡立て器でほぐし、レモン汁、レモンの皮を加え、さっと混ぜる。4を加えてよく混ぜる。

6　シロップの材料は混ぜ合わせる。

7　グレープフルーツとオレンジはナイフで削ぐように皮をむき、薄皮に沿ってV字にナイフを入れ、ひと房ずつ実を取り出す。

8　器にスポンジ生地の1/3量を隙間なく詰め、6をはけでまんべんなく打つ。5の1/3量をまんべんなく塗り、上に7の1/3量をのせる。さらにスポンジ→6→7→5→スポンジ→6→5の順に重ね、残りの7とミントを飾り、レモンの皮を散らす。

POINT

カスタードクリームにレモン汁とレモンの皮を加え、さっと混ぜます。

レモンのトリセツ －保存方法－

スーパーや道の駅では、レモンが大袋や箱で売られていることも。
また、旬の時季にたくさんいただいてしまった、ということもあるのではないでしょうか。
大丈夫、レモンは冷凍保存もできますよ。長持ちさせる保存方法を知っておきましょう。

[まるのまま風通しのいい冷暗所へ]

レモンは温度の変化を嫌うので、秋から冬の間は、風通しのいい冷暗所において保存するのがおすすめです。袋に入れる場合も密閉はせず、袋の口を開けておいて！ 春から夏の気温が比較的高い時期は、1個ずつ新聞紙で包んでポリ袋に入れ、冷蔵庫の野菜室で保存します。

[カットした残りは冷凍がおすすめ]

使いかけのレモンはラップでぴったり包んで冷蔵庫に入れるか、すぐに使う予定がなければ冷凍がおすすめ。使いやすく切ってバットに広げて冷凍し、バラバラに凍ったら保存袋に移します。冷凍で2か月ほど保存可能。

[果汁だけ搾って]

レモンの果汁だけを搾って保存する方法もあります。搾った果汁は清潔な保存瓶に入れ、冷蔵で10日ほど（カビが生えやすいので早めに使うこと）、冷凍なら2か月ほど保存が可能。冷凍したものを使うときは自然解凍し、シャーベット状に溶けたところをスプーンなどですくいます。

レモンの故郷のはなし

安心で鮮度がいい！需要が高まる国産レモン

レモンの原産地はインド北部、ヒマラヤ山脈のふもとの温暖な地域だと言われています。10世紀なかばには東地中海沿岸でレモンが栽培され、12世紀には中近東諸国へ広がったという記録が残っていて、その後、コロンブスによって海を渡り、アメリカに伝わったのがおよそ1492年のこと。大航海時代には、壊血病の予防にビタミンCが効くとされ、レモンが珍重されました。日本にやってきたのはおよそ150年前、1873（明治6）年のこと。静岡県の熱海に伝わったのが始まりです。

現在でも、インドはレモンの栽培がもっとも盛んな国。レモンは寒さに弱く、潮風に強いという特徴があるため、ほかにもメキシコやアルゼンチン、シチリアなど南イタリアの海岸地域で多く栽培されています。日本において、国産レモンの生産量1位を誇るのは広島県。続いて愛媛県、和歌山県など、関東以南の温暖で、水はけのよい海岸地帯や、瀬戸内海島しょ部の山の傾斜地を中心に栽培されています。

国産レモンは、1964（昭和39）年のレモン輸入自由化によって、一時生産量が激減したことがありましたが、近年、消費者の安全志向の高まりから見直され、再び生産量が増加傾向にあります。国産レモンは、輸入レモンと比べて収穫してから輸送にかかる時間が短く、防カビ剤・防腐剤を使用しなくてもすむためです。

国産レモンの旬は、9〜3月の寒い時期。これまで、夏季は輸入レモンに頼っていましたが、最近では長期低温貯蔵によって夏季にも出荷することができるようになりました。近年、国産レモンを使った調味料やスナックなどの加工品、また若い世代を中心とするレモンサワーブームとも相まって、ますます国産レモンの需要が高まっています。

広島をはじめ、愛媛や香川など瀬戸内の島々でもレモン栽培が盛ん。私は毎年、香川県豊島にあるレモン農園からジューシーな国産レモンを取り寄せています。

2章
ひと手間レモン

レモンは、仕込みものにも活躍します。レモン塩は塩の代わりに使うだけで、
いつもより風味豊かな味わいに。作っておくことで、いつもの食卓に
さわやかなレモンの香りを簡単にプラスできますよ。

●ひと手間レモン調味料の保存について

保存の目安は、清潔な容器に入れ、清潔な箸やスプーンで取り出した場合の目安になります。瓶などは、使用前に煮沸消毒することをおすすめします。

まずはこれから!

[レンチン!レモン塩]

保存の目安／室温で約1か月

電子レンジにかけて、乾燥させたらでき上がり。
おにぎりに、ゆで野菜に、揚げものにといつもの塩の代わりに多彩に使えます。

[材料] 作りやすい分量

レモンの皮 … 1個分
塩 … 小さじ1

[作り方]

○ 皮をみじん切りにする

レモンの皮はみじん切りにする。

○ 電子レンジで加熱して混ぜる

オーブンシートを広げ、レモンの皮と塩を混ぜて広げ、ラップをかけずに電子レンジ（600W）で1分加熱する。スプーンなどでさっくりと全体を混ぜ、さわってみて塩とレモンの水分がとんでいたらでき上がり。まだしっとりしているようなら、様子を見ながらさらに20秒ずつ加熱する。さらっとしたら密閉できる保存容器に入れる。

レンチン！レモン塩を使って

たらのフリット

レモン塩の香りはもちろん、ときどき感じる皮の苦みも◎。ほかの魚のフリットや天ぷらにつけるのもおすすめです。

[材料] 2人分

たら … 2切れ
塩 … 少々
こしょう … 少々
薄力粉 … 適量
A 薄力粉・片栗粉 … 各大さじ3
　塩 … ひとつまみ
炭酸水 … 大さじ3〜4
揚げ油・パセリ・レンチン！レモン塩 … 各適量

[作り方]

1　たらは3等分に切って塩をふり、15分おいてキッチンペーパーで水けを拭く。こしょうをふり、薄力粉を薄くまぶす。

2　ボウルにAを混ぜ合わせ、とろっとするくらいまで炭酸水を注ぐ。

3　揚げ油を170℃に熱し、1を2にくぐらせて入れる。2分ずつ上下を返しながら揚げ、油をきって器に盛り、パセリとレモン塩を添える。

［冷凍レモンの実とサワーの素］

保存の目安／冷凍で約1か月

レモンの実を切って凍らせておけば、いつでも氷の代わりに使えます。
皮は焼酎に漬け込んで、さわやかな香りを移しましょう。

[材料] 作りやすい分量

レモン…2個
焼酎…3カップ

[作り方]

○ レモンを切る

レモンは皮をむいて果実だけを7〜8mm厚さの輪切りにし、保存袋に入れる。

○ 実を冷凍する（冷凍レモンの実）

袋の口を閉じ、冷凍庫で8時間以上凍らせる。

○ 皮を焼酎につける（サワーの素）

焼酎にレモンの皮をひたしてラップをかけ、室温でひと晩おく。

本気のレモンサワー

冷凍レモンの実とサワーの素を使って

レモンの皮をひと晩お酒に漬け込み、香りよく仕上げます。氷の代わりに冷凍レモンを入れて、つぶしながらどうぞ。

[材料] 2人分

サワーの素 … 適量
強炭酸水 … 適量
冷凍レモンの実 … 6〜8切れ分

[作り方]

1　サワーの素：炭酸水＝1:3の割合でグラスに入れ、冷凍レモンの実を加えてさっと混ぜる。

[塩レモン]

保存の目安／冷蔵で約3か月

レモンを切って塩と混ぜるだけと、作り方はとっても簡単。
寝かせることで塩の角がとれ、まろやかでうまみたっぷりの万能調味料になります。

[材料] 作りやすい分量

レモン … 1個
塩 … レモンの重量の10%

[作り方]

○ 材料の準備をする

レモンは皮つきのまま、5mm厚さ、4等分のいちょう切りにする。レモンの重量の10%の塩を準備する。

○ 保存容器に入れてふる

清潔な保存容器にレモンと塩を入れ、ふたをして軽くふって混ぜる。冷蔵庫で1か月ほどおき、味をなじませる（ときどき容器を上下にふって混ぜる）。

塩レモンを使って

塩レモンポークロール

塩レモンをのせた豚肉を、ひと口大にくるくる巻いて。
塩味と酸味、うまみで、たっぷりの野菜もおいしく食べられます。

[材料] 2人分

豚ロース薄切り肉 … 10枚
塩レモン … 約20切れ
→ みじん切りにする
薄力粉 … 少々
オリーブ油 … 小さじ2
酒 … 大さじ1
キャベツ … 1/8個（150g）
みつば … 3〜4本
→ 葉を摘む
小ねぎ … 5本
→ 3等分の長さに切る

[作り方]

1　豚肉を広げ、1枚につき塩レモン2切れ分ずつのせてくるくると巻き、薄力粉をまぶす。

2　フライパンにオリーブ油を中火で熱し、1を返しながら3分ほど焼く。酒をふってふたをし、弱火にして3分ほど蒸し焼きする。

3　野菜とともに器に盛り、巻いたりのせたりしていただく。

95

塩レモンのキャロットラペ

ヨーグルトが塩レモンの酸味をまろやかに包み込みます。
少量のにんにくが、風味アップのポイントに。

[材料] 2人分

にんじん … 1本（200g）
A プレーンヨーグルト … 大さじ2
　塩レモンの粗みじん切り … 8g
　こしょう … 適量
　はちみつ … 小さじ1
　にんにくのすりおろし … 少々

[作り方]

1　にんじんは4cm長さの細切りにする。
2　ボウルにAを混ぜ合わせ、1を加えてあえる。

もやしの塩レモン炒め

塩レモンのさわやかな風味がプラスされて
いつものもやし炒めがごちそうに変身！

塩レモンを使って

[材料] 2人分

もやし … 1袋（200g）
しょうがのせん切り … 1/2かけ分
酒 … 大さじ1
塩レモンの粗みじん切り … 8g
しょうゆ … 小さじ1
オリーブ油 … 小さじ2

[作り方]

1　もやしはひげ根を除いてさっと洗い、ざるにあげる。

2　フライパンにオリーブ油としょうがを弱火で熱し、香りが立ったら強火にし、1を加えて1分ほど炒める。酒をふって混ぜ、塩レモンとしょうゆを加えて混ぜる。

[レモンバター]

保存の目安／冷蔵で1週間、冷凍で1か月

レモンの皮と果汁をたっぷり加えて練り混ぜます。
にんにくとパセリも加えて、いっそう風味よく仕上げましょう。

[材料] 作りやすい分量

レモンの皮のすりおろし … 1個分
レモン汁 … 1/2個分（大さじ2）
バター … 150g
→ 室温にもどす

にんにくのすりおろし
　… 1/2かけ分
パセリ … 1本（5g）
→ みじん切り

[作り方]

○ 材料を練り混ぜる

ボウルにバターを入れてゴムべらでやわらかく練り、残りの材料を加えて練り混ぜる。

○ 冷やしかためる

ラップやワックスペーパーに包んで棒状に整え、冷蔵庫で冷やしかためる。

・ココットに入れて平らにならしてもよい。

レモンバターステーキ

レモンバターといえば、まずは試したいクラシックなメニュー。ひとかけのせるだけで、たちまちごちそう感が増します。

レモンバターを使って

[材料] 2人分

牛ランプ肉（ステーキ用）
　… 2枚（300g）
塩 … 小さじ1/3
こしょう … 少々
酒 … 大さじ2
しょうゆ … 小さじ1
サラダ油 … 大さじ1/2
レモンバター … 大さじ3
じゃがいも … 小6個（300g）
　→ 皮ごとよく洗い、3等分に切って水にさらす
イタリアンパセリ … 適量

[作り方]

1　牛肉は筋切りをし、室温に30分おく。両面に塩、こしょうをふる。

2　フライパンにサラダ油を強火で十分に熱し、1の両面を1分ずつ焼き、側面も立てるようにして焼く。酒をふり、しょうゆを鍋肌からまわし入れ、すぐに取り出してアルミホイルに包み、15分ほどおく。

3　じゃがいもはよく洗って皮つきのまま3等分に切り、水にさらす。耐熱ボウルに入れ、水大さじ2をふりかけてふんわりとラップをかけ、電子レンジ（600W）で7分ほど加熱する。水けをきって2のフライパンに入れ、中火にかけてカリッとするまで4分ほど炒める。

4　2を器に盛り、レモンバターをのせる。3とイタリアンパセリを添える。

あさりのレモンバター蒸し

材料3つとシンプルですが、レモンバターのコクと香りで
白ワインが止まらないひと皿になります。

[材料] 2人分

あさり（殻つき）… 300g
白ワイン … 1/4カップ
レモンバター … 大さじ2と1/2

[作り方]

1　あさりは3％濃度の塩水に20分ほどつけて砂抜きし、殻をこすり合わせて洗う。

2　フライパンに1を入れて白ワインをまわし入れ、ふたをして中火で5分ほど蒸す。レモンバターを加え、強めの中火にして全体にからめる。器に盛り、好みでさらにレモンバター（分量外）をのせても。

レモンバターオムレツ

焼くときにレモンバターを使うと、レモンとにんにくの香りが
ふわりと広がり、食欲を誘います。卵のやさしい味わいにもマッチ。

レモンバターを使って

[材料] 2人分

卵 … 4個
A 塩・こしょう … 各少々
　生クリーム（または牛乳）
　　… 大さじ2
レモンバター … 大さじ2〜3
サラダほうれん草 … 適量

[作り方]

1　ボウルに卵をよく溶きほぐし、Aを加えて混ぜる。

2　直径18cmほどの小さめのフライパンにレモンバターを中火で熱し、溶けたら強火にして1を一気に加え、菜箸でぐるぐると混ぜながら加熱する。まわりがほぼかたまってきたら片側に寄せて器に取り出し、厚手のキッチンペーパーで形を整える。サラダほうれん草を添える。

[レモンこしょう]

保存の目安／冷蔵で2〜3か月、冷凍で約半年

青唐辛子のさわやかな辛さに、麹が加わることでうまみが際立つ一品に。
ゆずこしょうより、洋風やアジアンにも展開しやすいのでおすすめです。

[材料] 作りやすい分量

レモンの皮のみじん切り … 4個分（16g）
青唐辛子 … レモンの皮の重量と同量（4〜5本）
塩 … レモンの皮の重量の半量（8g）
麹（乾燥）… レモンの皮の重量の約10%（1.6g）
レモン汁 … 1/2個分（大さじ2）

[作り方]

○ 材料の準備をする

青唐辛子は種を除き、粗みじん切りにする。レモンの皮と合わせ、すり鉢であたってなめらかにする（またはフードプロセッサーにかける）。

○ 塩とレモン汁、麹を混ぜる

塩と麹を計量してすり鉢に混ぜ、レモン汁も加えて混ぜる。清潔な保存容器に入れ、室温で1日おき、冷蔵庫で保存する。冷蔵庫で1週間ほど味をなじませてから使うとよい。

レモンこしょうを使って

レモンこしょうポークのマリネ蒸し

レモンこしょうは、焼く前にまぶすだけでなく仕上げにも加えて混ぜると、さわやかな風味が残ります。

[材料] 2人分

豚肩ロースとんかつ用肉 … 2枚
　→ 筋切りする
A　レモンこしょう … 小さじ1/2
　　オリーブ油 … 大さじ1
ズッキーニ … 1本
　→ ピーラーで薄切り
白ワイン … 大さじ2
オリーブ油 … 小さじ2
レモンこしょう … 適量

[作り方]

1　バットに豚肉を入れ、Aをまんべんなくまぶす。

2　フライパンにオリーブ油を中火で熱し、1の両面を1分30秒ずつ焼いて、いったん取り出す。

3　同じフライパンにズッキーニを並べ、2をのせて白ワインをふり、ふたをする。弱めの中火で3分ほど蒸し焼きにする。

4　豚肉を食べやすく切ってレモンこしょうとあえ、ズッキーニとともに器に盛る。

ぶりと大根のレモン鍋

香りのよいだしに、レモンこしょうをピリッときかせて。
味のしみたぶりや大根はもちろん、このだしが主役級のおいしさです。

[材料] 2人分

ぶり … 3切れ
大根 … 250g
　→ 5〜6cm長さの拍子木切り
塩蔵わかめ … 30g
塩 … 少々
A だし汁 … 3カップ
　酒 … 1/4カップ
　薄口しょうゆ … 大さじ1
レモンこしょう … 小さじ2

[作り方]

1　ぶりは4等分に切ってざるにのせ、塩をふって10分ほどおき、出てきた水けを拭く。

2　わかめは塩を洗い流し、水に15分ほどつけてもどし、ひと口大に切る。

3　鍋にAを中火で煮立て、1と大根を加える。アクが出たら除き、5〜6分煮て、レモンこしょうとわかめを加え、さっとひと煮する。

えびとゆで卵のレモンこしょうカレー

タイ風カレーの辛みと風味づけに、レモンこしょうが活躍。
ココナッツミルクやナンプラーとも好相性です。

レモンこしょうを使って

[材料] 2人分

殻つきえび（ブラックタイガー）… 6尾
ゆで卵 … 2個
エリンギ … 2本
紫玉ねぎ … 1/4個（50g）
A　ココナッツミルク … 2カップ
　　水 … 1カップ
レモンこしょう … 小さじ2
ナンプラー … 小さじ1
にんにく … 1かけ
　→ つぶす
塩 … 少々
サラダ油 … 小さじ2
温かいごはん … 400g（2杯分）
香菜 … 少々

[作り方]

1　えびは尾を残して殻をむき、背ワタを除いて塩少々と片栗粉適量（各分量外）をもみ込み、流水で洗ってキッチンペーパーで水けを拭く。

2　エリンギは長さを半分に切り、縦4等分に切る。紫玉ねぎは1cm幅のくし形切りにする。

3　鍋にサラダ油とにんにくを弱火で熱し、香りが立ったら中火にし、2を加えて1分ほど炒める。

4　Aを加えて煮立て、1、ゆで卵、レモンこしょう、ナンプラーを加えてさらに10分煮る。塩で味をととのえる。

5　器にごはんを盛って4をかけ、香菜を添える。

［レモン塩麹］

保存の目安／冷蔵で2週間

塩麹のうまみに、レモンの香りや酸味を合わせました。
市販の塩麹を使えば、とても手軽です。

［材料］作りやすい分量

塩麹（市販品）… 240g
レモンの実 … 100g
レモンの皮 … 1個分

［作り方］

○ 材料の準備をする

レモンの実は5mm角に切る。皮はくるりとむく。

○ 混ぜる

清潔な保存容器にすべての材料を混ぜ合わせ、室温に1〜2時間おいてから冷蔵庫で保存する。すぐに使える。

レモン塩麹を使って

スペアリブとれんこんの
レモン塩麹煮込み

旅先の食堂で出てきそうな、アジアな煮込み。レモンと塩麹のおかげで、スペアリブがほろっとやわらかです。

[材料] 2人分

豚スペアリブ … 6本（骨つきで500g）
　　→ ところどころ筋切りする

れんこん … 100g

A レモン塩麹 … 大さじ4
　　にんにくのすりおろし
　　　… 1かけ分

B 水 … 1と3/4カップ
　　酒 … 大さじ2

しょうゆ … 小さじ2

[作り方]

1 スペアリブは A をまんべんなくまぶし、冷蔵庫で2時間ほどおく。

2 れんこんは皮をむき、薄い半月切りにして5分ほど水にさらす。

3 鍋に1とBを入れて中火にかけ、煮立ったら弱めの中火にし、ふたをして30分ほど煮る。2を加え、しょうゆを加えてさらに10〜15分、スペアリブがやわらかくなるまで煮る。

107

トマトといちごのレモン塩麹マリネ

トマトにいちごにレモン、さまざまな酸味が重なるサラダ。
生ハムをのせて食べるのもおすすめです。

[材料] 2人分

フルーツトマト … 2個(160g)
いちご … 8個
レモン塩麹 … 大さじ1
メープルシロップ … 小さじ1
バジル … 4枚
　→ ちぎる
粗びき黒こしょう … 少々

[作り方]

1　トマトは熱湯にさっとくぐらせて冷水にとり、皮を湯むきしてひと口大に切る。いちごはヘタを除き、縦半分に切る。

2　ボウルに1を合わせてレモン塩麹とメープルシロップを加えてあえ、バジルをちぎり入れる。器に盛り、黒こしょうをふる。

きのこのレモン塩麹蒸し

シンプルだけれど、きのこと麹のうまみに
レモンの酸味が加わって、複雑なおいしさになります。

レモン塩麹を使って

[材料] 2人分

しいたけ … 3枚
えのき … 1/2パック（50g）
しめじ … 1袋（100g）
A 酒・レモン塩麹 … 各大さじ2
　ごま油 … 大さじ1
塩 … 少々

[作り方]

1　きのこはそれぞれ石づきを除く。しいたけは7mm厚さに切り、えのきは長さを半分に切ってほぐす。しめじはほぐす。

2　フライパンに1を入れてさっくり混ぜ、Aをふってふたをし、中火にかける。

3　蒸気が上がったら弱めの中火にしてさらに5〜6分蒸し、さっくり混ぜ、塩で味をととのえる。

[レモンしょうゆ]

保存の目安／冷蔵で2週間

作り方は混ぜるだけでとっても簡単。レモンのうまみが合わさることで、これだけで味が決まる万能しょうゆに早変わりします。

[材料] 作りやすい分量

しょうゆ … 1/2カップ
レモン汁 … 1個分（大さじ4）
レモンの輪切り（薄め）… 1個分
みりん … 大さじ3
昆布 … 5cm角1枚
削り節 … 2g

[作り方]

○ 材料を混ぜ合わせる

清潔な保存容器にすべての材料を合わせ、冷蔵庫で3時間ほどおく。

○ レモンの輪切りを除く

3時間ほどたったら、レモンの輪切りを取り除く（苦みが出てしまうため）。

・取り出したレモンは、肉といっしょに焼いたり、南蛮漬けに加えるとよい。

レモンしょうゆを使って

豚肉と香菜のレモンしょうゆチャーハン

レモンしょうゆは、加熱するとうまみと香ばしさが際立ちます。香菜の香りで、一気にアジアな雰囲気のひと皿に。

[材料] 2人分

豚ひき肉 … 100g
香菜 … 2本
　→ 1〜2cm幅に切る
温かいごはん … 300g
レモンしょうゆ … 大さじ1と1/2
塩・こしょう … 各適量
ごま油 … 大さじ1

[作り方]

1　ひき肉は塩、こしょう各少々をふる。

2　フライパンにごま油を中火で熱し、1を加えて2分ほど炒める。ひき肉の色が全体に変わったらごはんを加えて2分ほど炒め合わせ、レモンしょうゆを鍋肌からまわし入れる。塩、こしょうで味をととのえ、香菜を加えてさっと混ぜる。

レモンしょうゆのばくだん

のりで巻いて食べるもよし、ごはんにのせて丼にしてもよし。
レモンしょうゆのおかげで、さっぱり食べられます。

[材料] 2人分

いか（刺身・細切り）… 80g
長いも … 80g
きゅうり … 1/2本(50g)
みょうが … 2本
たくあんなど好みの漬けもの … 60g
納豆 … 1パック(55g)
レモンしょうゆ … 大さじ1

[作り方]

1　長いもは皮をむいて1cm角に切る。きゅうり、たくあんも1cm角に切る。みょうがは縦半分に切って細切りにし、水に5分さらして水けをきる。

2　器に1といか、納豆を盛り合わせ、レモンしょうゆをまわしかける。

いんげんのレモンしょうゆあえ

温かいいんげんに、さっとレモンしょうゆをからめると
ふわっとさわやかな香りが立ち上ります。

レモンしょうゆを使って

[材料] 2人分

さやいんげん … 14本
A オリーブ油 … 大さじ1
　酒・水 … 各大さじ2
　塩 … 少々
レモンしょうゆ … 大さじ1

[作り方]

1　いんげんは3等分の長さに切る。

2　フライパンに1とAを入れてふたをし、強めの中火にかける。蒸気が出てきたら弱めの中火にして5分蒸す。器に盛り、レモンしょうゆをかけ、あればレモンしょうゆに使ったレモンの輪切りを添える。

［レモンみそ］

保存の目安／冷蔵で2週間

やさしい甘さの白みそに、レモンの香りが好相性。
ゆるめなので、あえものなどにも使いやすいです。

[材料] 作りやすい分量

レモンの皮のみじん切り … 1個分
レモン汁 … 大さじ3
白みそ … 1/2カップ（130g）
みりん … 大さじ3

[作り方]

○ 混ぜる

すべての材料をよく混ぜる。清潔な保存容器に入れ、冷蔵庫で保存する。

> レモンみそを使って

厚揚げとキャベツのレモンみそがけ

レモンみそを、酢みそ感覚で使います。ラー油が味の引き締め役に。

[材料] 2人分

厚揚げ … 1枚（170g）
キャベツ … 1/8個（150g）
レモンみそ … 大さじ4
ラー油 … 適量

[作り方]

1 厚揚げはキッチンペーパーで油分を拭き、ひと口大に切る。キャベツはざく切りにする。

2 鍋に湯を沸かし、塩少々（分量外）を1といっしょに加えて1分30秒～2分ゆでる。

3 ざるにあげて水けをきり、器に盛り合わせてレモンみそをかける。ラー油をたらす。

豚肉となすのレモンみそ炒め

いつものみそ炒めより、ずっと軽やか！
レモンの酸味も感じられる、さわやかな一品です。

[材料] 2人分

豚こま切れ肉（またはバラ肉）… 100g
なす … 2本
塩・こしょう … 各少々
酒 … 大さじ1
レモンみそ … 大さじ4
しょうがのすりおろし … 1/2かけ分
しょうゆ … 小さじ1
ごま油 … 大さじ1

[作り方]

1 豚肉は塩、こしょうをふる。なすは皮を縞目にむいて小さめの乱切りにする。

2 フライパンにごま油を中火で熱し、なすを2分ほど炒め、豚肉を加えてさらに1分ほど炒め合わせ、酒をふる。

3 レモンみそとしょうがを加え、全体にからめるように炒め合わせ、しょうゆで味をととのえる。

さわらのレモンみそ漬け焼き

レモンの酸味のおかげで、
みそ漬けにしても、甘ったるくなりません。

レモンみそを使って

[材料] 2人分

さわら … 2切れ
塩 … 少々
レモンみそ … 大さじ4
みょうが … 1本

[作り方]

1　さわらはざるにのせ、塩をふって10分ほどおき、出てきた水分をキッチンペーパーで拭く。レモンみそを等分に、まんべんなく塗り、ラップで包んで冷蔵庫で2時間おく。

2　みょうがは薄い小口切りにして水にさっとさらし、水けをきる。

3　1のみそをさっとぬぐい、魚焼きグリルに並べて弱めの中火で5分ほど焼く（両面焼きの場合。片面焼きの場合は片面3分ずつ焼く。またはフライパンに並べ、弱火で片面2〜3分ずつ焼く）。器に盛り、2をのせる。

[レモンピール]

保存の目安／冷蔵で2週間

手間はかかりますが、手作りは余計なものが入らないから安心。
ほどよい甘さで料理に応用しやすく、もちろんそのままお茶請けにしてもおいしいし、コーヒーに入れても。

[作り方]

○ 材料の準備をする

レモンは縦4等分に切り、実と皮に分ける。実は果汁を搾る。

○ レモンの皮をゆでこぼす

鍋に湯を沸かし、レモンの皮を1〜2分ゆでてざるにあげる。同様にもう一度ゆでこぼす。冷水にとり、20分ほど水にさらして苦みを抜く。ざるにあげ、キッチンペーパーで水けを拭く。

○ 煮て、乾燥させる

ゆでこぼしたレモンの皮、レモンの皮の重量の70％のグラニュー糖、レモンの皮と同量のレモン汁（足りなければ水を足す）を鍋に入れ、ふたをして弱めの中火で10分煮る。取り出してバットに重ねた網にのせ、半日ほどおいて乾燥させる。

・そのまま食べる場合は、たっぷりのグラニュー糖をまぶし、さらに半日ほど干す。

[材料] 作りやすい分量

レモン … 2個
グラニュー糖 … 適量

レモンピール入り ミートボール

ミートローフのイメージで、レモンピールを加えました。たっぷりのミントや香菜と食べると、よりさわやか！

[材料] 2人分

- 豚ひき肉 … 250g
- A レモンピールの粗みじん切り
  　… 60g
  　玉ねぎの粗みじん切り
  　　… 1/4個分（50g）
  　パン粉 … 1/4カップ
  　牛乳 … 大さじ2
  　塩 … 小さじ1/3
  　こしょう・チリパウダー … 各少々
  　トマトペースト・松の実 … 各大さじ1
- 酒 … 大さじ2
- プレーンヨーグルト
  　… 大さじ3
- 塩・一味唐辛子 … 各少々
- オリーブ油 … 大さじ1
- ミント … 1/2パック
- 香菜 … 1/2束

[作り方]

1. ボウルにひき肉とAを合わせてよく練り混ぜ、10等分にして丸める。
2. フライパンにオリーブ油を中火で熱し、1を入れ、転がしながら3分焼く。酒をふってふたをし、弱めの中火で3分ほど蒸し、器に盛る。
3. ヨーグルトは塩を加えて混ぜる。2にかけ、一味唐辛子をふり、ミントと香菜を添える。

［レモンカード］

保存の目安／冷蔵で約2週間

キュンと甘ずっぱいレモンカードは、ホットケーキやスコーンに添えて。
バターは冷たい状態で加えると、分離せずうまくとろみがつきます。

［材料］作りやすい分量

卵 … 1個（約50g）
上白糖 … 50g
バター（食塩不使用）… 50g
　→ 5mm角に切って冷やしておく
レモン汁 … 大さじ3
レモンの皮のすりおろし
　… 1個分（約4g）

［作り方］

○ 材料を混ぜる

大きめの耐熱ボウルに卵を割り入れ、泡立て器でよく溶きほぐす。上白糖を加えてすり混ぜ、レモン汁、レモンの皮、冷たいバターも加えて混ぜる。

○ 湯せんにかけて混ぜる

鍋（またはフライパン）に70〜80℃の湯を沸かし、材料の入ったボウルを重ね、湯せんにかけながらゴムべらでよく混ぜる。ときどき鍋を火からおろして湯の温度を70〜80℃に保ちながら、とろみがつくまで10分ほど混ぜる。清潔な保存容器に入れ、冷めたら冷蔵庫で保存する。

Arrange

薄く切って軽くトーストしたパンにつけるだけで、最高においしい！

121

［ドライレモン］

保存の目安／密閉容器に入れ、室温で1か月

低温でじっくり焼いて、水分をとばします。
温かい紅茶に浮かべたり、サラダのトッピングにもおすすめ。

［材料］作りやすい分量

レモンの輪切り（薄め）… 2個分

［作り方］

○ オーブンで焼く

天板にオーブンシートを敷いてレモンを並べ、110℃のオーブンで30分ほど焼き、乾燥させる。粗熱をとり、密閉できる保存容器に入れる。

ドライレモンのチョコがけ

ドライレモンを使って

すっぱい×甘いの好バランス。コーティング用チョコレートを使うと、後味はさっぱりです。すぐにかたまります。

[材料] 作りやすい分量

ドライレモン … 10枚
コーティング用チョコレート … 50g

[作り方]

1　チョコレートは刻んでボウルに入れ、湯せんにかけて湯気が当たらないように気をつけながら溶かす。

2　ドライレモンを1にくぐらせ、オーブンシートにのせて乾かす。

［レモンジンジャーシロップ］

保存の目安／冷蔵で1〜2か月

しょうがと唐辛子がピリッとスパイシーな、大人のジンジャーシロップ。
炭酸水で割るのはもちろん、紅茶やお酒に加えても美味。

[材料]

作りやすい分量・でき上がり約500ml

レモン … 2個
しょうが … 300g
黒砂糖 … 300g
赤唐辛子（種ごと折る）… 3本
クローブ（ホール）… 小さじ1
水 … 3カップ

[作り方]

○ 材料の準備をする

レモンは1個は薄い輪切りにし、1個は果汁を搾る。しょうがはよく洗い、汚れがあればスプーンでこそげとり、繊維と直角に厚めにスライスする。ボウルにレモンの輪切り、しょうが、黒砂糖、赤唐辛子、クローブを入れてよく混ぜ、2〜3時間おく。

○ 煮る

レモンとしょうがから水分が出てきたら鍋に移し、分量の水を加えて中火にかける。アクが出てきたら除き、弱火にしてふたをし、30〜40分煮る（吹きこぼれそうになったらふたをずらす）。最後にレモン汁を加えてさっと煮る。

○ ざるで濾す

鍋のまま粗熱をとり、ざるで濾して清潔な保存びんに入れ、冷蔵庫で保存する。

Arrange

レモンジンジャーシロップ大さじ1に対して湯½カップで割って飲むのがおすすめ。または炭酸水で割っても。

[レモンチェッロ]

保存の目安／冷暗所で半年ほど

レモンの産地、イタリア生まれのレモンリキュール。
甘くてちょっぴりほろ苦く、食後酒として少しずつ楽しみたいお酒です。

[材料] 作りやすい分量

レモン（できれば無農薬）… 5〜6個
　（皮だけを使う）
スピリタス … 300㎖
A ｜ 水 … 300㎖
　｜ グラニュー糖 … 210g
※スピリタスの扱いには十分注意してください。火気厳禁です。

[作り方]

○ 材料の準備をする

レモンは洗って水けをよく拭き、黄色い皮の部分だけをピーラーでむく（30gほどになる）。

○ スピリタスに
　レモンの香りを移す

レモンの皮を保存瓶に入れ、スピリタスを注ぐ。皮の色が白っぽくなり、スピリタスに色が移るまで1週間ほど室温におく。

○ シロップと混ぜる

鍋にAを合わせて煮立たせ、グラニュー糖を完全に溶かして火を止める。そのまま粗熱をとり、冷めたらスピリタスの瓶に加え、さらに1週間室温におく。ざるで濾し、清潔な容器に入れて保存する。
・冷凍庫でよく冷やして飲むとおいしい（アルコール度数が高いので凍らない）。

Arrange

チョコレートアイスに適量をかけると、後からグッとお酒の味わいがやってくる大人のデザートに！

堤 人美

料理研究家。京都府生まれ。雑誌、企業のレシピ開発、テレビなどで活躍中。現在、東京と瀬戸内の2拠点暮らしということもあり、レモンがぐっと身近で欠かせないものに。また、「ジャム名人」と多くの人に言われるほどジャムや保存食にも精通。本書でもレモンを使った保存調味料レシピも紹介している。素材をおいしく食べるレシピ本を多く出版しており、『焼き煮込み』『気軽にできて、とびきりおいしい！ グラタン・ドリア』（ともにGakken）、『野菜はあたためて食べる！』（新星出版社）など著書多数。

Instagram　@hitotsutsu

なんでもレモン

2025年4月1日　第1刷発行

著　者　　堤　人美
発行人　　川畑　勝
編集人　　中村絵理子
発行所　　株式会社 Gakken
　　　　　〒141-8416
　　　　　東京都品川区西五反田2-11-8
印刷所　　大日本印刷株式会社

●この本に関する各種お問い合わせ先
本の内容については、下記サイトのお問い合わせフォームよりお願いします。
https://www.corp-gakken.co.jp/contact/
在庫については　Tel 03-6431-1250（販売部）
不良品（落丁、乱丁）については　Tel 0570-000577
学研業務センター
〒354-0045埼玉県入間郡三芳町上富279-1
上記以外のお問い合わせは
Tel 0570-056-710（学研グループ総合案内）

© Hitomi Tsutsumi 2025 Printed in Japan

本書の無断転載、複製、複写（コピー）、翻訳を禁じます。
本書を代行業者等の第三者に依頼してスキャンやデジタル化することは、たとえ個人や家庭内の利用であっても、著作権法上、認められておりません。
学研グループの書籍・雑誌についての新刊情報・詳細情報は、下記をご覧ください。
学研出版サイト　https://hon.gakken.jp/

STAFF

デザイン／高橋朱里（マルサンカク）　撮影／鈴木泰介　スタイリング／久保百合子
校閲／株式会社聚珍社　編集／山村奈央子　企画・編集／岡田好美（Gakken）